# 心理療法のポイント
## ケース検討会グループから学ぶ

藤山直樹 監修
大森智恵 編著
藤巻純・吉村聡 ほか 著

創元社

# プロローグ
精神分析的なケースセミナーについて考えること

❦

藤山直樹

## はじめに

　ケースセミナー[注]は精神分析の訓練において、必須の項目とはされてきませんでした。インスティチュートにおける訓練は伝統的に、訓練分析、スーパービジョン、理論や技法のセミナーから成り立っています。それは1923年にアイティンゴンが明確にしたモデルです。

　しかし、多くの分析家が規定によって要請されるインスティチュート訓練の外部で、ケースセミナーを体験し、かつプライベートに主宰してきたことも事実です。たとえばベティ・ジョセフやトーマス・オグデンはその経験について書き表していますし、そもそもフロイトもある種のケースセミナーをもっていました。彼の自己分析の成果であり、分析的探究者になったことを明示したといってよい書物『夢の解釈』刊行の二年後、自分のオフィスの待合室で1902年に始めた水曜会には、おそらくフロイト自身やその他のメンバーの臨床素材が語り合われたでしょう。そして、フロイトは指導者としてそこにいるしかなかったはずです。つまり、それは一種のケースセミナーの側面をもっていたかもしれません。

　ケースセミナーは精神分析というもののそばに自然発生的に生まれ、長い期間にわたって生き延びてきた、精神分析にとって本質的な存在のひとつであると言ってもいいでしょう。

　日本でも、分析的なケースセミナーはいろいろなところでお

こなわれているでしょう。私自身も東京で三つ、福岡で一つの月一回の10人以下の規模のセミナーのグループをもっています。そうしたグループを私は1999年に開業する数年前、おそらく1995年くらいから始めました。20年以上やってきたわけです。それはとても楽しい体験でしたし、精神分析的な実践についての多くのアイデアを私に懐胎させてくれました。そして多くの分析的臨床家がそこから巣立って行き、それぞれのありかたで精神分析と関わり続けておられます。

　ひとりでケースをやるだけでは、私たちはとても限られた視点をもつことしか難しいのです。集団のなかでさまざまな考えや感情がやりとりされることにさらされることを通して、私たちは何かを学んだり、自分が部分的に変化していったりすることになります。さらに多くの事例にさらされることは、自分が体験できない体験に自分を開きます。そこで語られるケース、そしてそこにいるメンバーとの出会いと接触によって私たちは私たち自身を超えていく可能性に開かれるのです。

　この本で取り扱われているセミナーも精神分析的セラピーのケースを扱うもので、私のやってきたセミナーとほぼ同じ設定にもとづいています。10名程度のサイズのクローズドのセミナーですし、レジュメに直近のセッションのプロセスノート以外は何も配布しないでおこなうことも同じです。私にはこの本に収載されているセミナーのやりとりはとてもなじみ深いもので、とても実感的に楽しめました。

　ケースセミナーについての基本的なことは、序章のところで編著者の大森先生がかなり万遍なく書かれておられるようです。ですから私は、経験から私が学んできたことのあれこれを思いつきのように書いていきます。

## ケースセミナーで起きること

　精神分析的な実践は、セラピストが患者の言葉やふるまいから患者の内部にある無意識を読み取り、その読み取った内容が

患者に与えられていくことを通じて患者が変化するというプロジェクトである。よくこのようなことが言われることがあります。これは精神分析的実践で起きていることを部分的に切り取っています。

　しかし、私はそれは精神分析的実践の本筋ではないように思います。このようなことが精神分析だとすると、セラピストは単に「頭」を使うだけで「こころ」を使うことはなく、患者のこころは変化してもセラピストのこころは変化しない、ということになります。これは事実と違っているような気がします。精神分析は患者にとってそうであるように、セラピストにとってもある種の切実さを帯びた体験です。その切実さにさらされるとき、私たちはこころを動かされることなくそこにいることはできません。いやおうなく私たちは、きわめて微小であっても確実にこころを動かし、こころは変化します。その変化がセッションやその患者との治療を超えて、自分の人生に感触や考え方に影響を与えることも十分ありえます。このことは、精神分析的な交流が言葉や思考を介したものにとどまらないということを意味します。というか、人間と人間とが触れ合い、かかわりあうとき、一般的に言って、言葉や思考を介した交流以外のものが確実に存在しているのです。精神分析はその一般的な触れ合い、かかわりを、特殊な設定と訓練によって臨床に利用しようとすることであり、そこで起こる触れ合いやかかわりの本質は実はごくありふれたものにすぎないのです。

　これはこうも言い換えられます。精神分析的なセラピストが到達しようとする患者の無意識は、単に患者の内部にあるのではない、と。それは、投影同一化という原初的な、しかしどのような対人交流のなかでも絶えず部分的には作動しているメカニズムによって、対人空間に投げ出され、漂います。患者の内部ではなく、外側にあるのです。そしてそれはセラピストのこころに棲みつきます。私たちは患者の内的な親や内的な自己について「考え」たり、「知っ」たりするのではなく、患者の内的な親や内的な自己に「なっ」てしまいます。たとえば、私たちは患者の親になって、患者にさまざまな種類の感情や空想や衝動を味わいます。こうして患者の対象世界は、面接空間のなか

で具現化するのです。そうした現実の反復のなかで、セラピストは行動を最小限にもちこたえながらそこにいて、その反復されている世界を考えようとします。そしてその考えが結実したとき、それは解釈として患者に与えられることになります。ここで解釈は、セラピストが「考えられない」ものから「考えられる」ものを生み出したこと、そのときセラピストが生きていたことの証です。

　ケースセミナーを考えてみましょう。ケース提供者が述べるケースの素材（そこには患者と患者の周りの交流の世界が描かれています）、それを語るケース提供者のありよう、メンバーのコメント、指導者のコメントといったものは勉強になります。ああ、こういう患者の病理はこのようなものなのか、この臨床事実に対してこういう見方もあるのか、このようなときにはこういう解釈が意味をもつのか。こういうことをメンバーは学ぶことができます。つまり、それは「頭」を使った学習です。
　しかし、ケースセミナーの体験はそれだけでしょうか。ケース提供者がケースの話をしているとき、無性にそのケース提供者に腹が立つことがあります。あるいは、患者に対して失望したり、苛立ったりすることがあります。あるいはその素材全体に対してすごく無意味だと感じたり、その治療全体に対して蔑みを覚えたりすることもありえます。ケースセミナーに参加していてそういう体験がまったくないとしたら、その人は、「ああそういうことはこういうことなんだ」「それはこういうことだから無理もない」というように、そこでの体験を「わけ知り顔」に判断し、それで収めてしまっているのかもしれません。つまり、そこでの体験が自分を揺さぶることのないように、気づかないうちに自分を守っているのかもしれません。それでは患者や治療状況を全体的に理解することはできません。ひとりの患者と苦闘するセラピスト、さまざまに悩んでいるセラピストが話しているわけですから、そこにはきわめて切実で抜き差しならないものが現れないとは思えません。そうした情緒的なものを十分に受け取ることは、ケースセミナーでの体験の本筋です。
　このことはこうも言い換えられます。患者とセラピスト（ケ

ース提供者）とのあいだの世界が投影同一化によって直接的にセミナー場面に現れている側面がある、と。患者のことを語るケース提供者は、彼が語れない患者の側面、彼がまだ十分に考えて意識することのできない患者の側面を切り捨ててもいます。その切り捨てた部分はセミナーの空間に投げ出され、漂い、メンバーのこころに棲家を見出します。そのとき部分的にメンバーは患者になってもいます。もちろんもっと直接的にセラピストの人格の側面がセミナー空間に投げ出されることもあるでしょう。しかし、そのとき、セラピストは転移／逆転移に搦めとられている分、患者にもなっていますから、その部分が患者の一部分を含んでいることもありえます。いずれにせよ、セミナーの場は、患者の自己や対象のさまざまな側面がセラピストの側面と混交しながら漂う場になっていますし、ふたりのセラピーの空間の性質はセミナーの空間の性質を変容させます。

　たとえば、極度にメンバーの発言が少なく、指導者も何かほんとうのことを言えないような気がして発言を控え、ケース提供者がどんどん話し続けて場が膠着している、とか、指導者が断定的にケース提供者の患者への考えに疑問を呈し、それに表面的にケース提供者が同調しながら、しかしケース提供者のケースの理解や患者への感じ方はまったく変わらず、それに指導者がさらに断定的に発言し、メンバーたちはそうした光景にうんざりする、とかいった光景が展開することは、ケースセミナーではよくあります。このようなありふれた光景こそ、実はそのセミナーが生きていること、すなわち患者の内的世界やセラピストとの治療状況を映し出している機能を果たしていることの現れでしょう。語られているセラピーの展開が思わしくなければ、その思わしくないことの本質がセミナーの場に具体的に現れると考えるべきでしょう。

　つまり、ケースセミナーは、ケース提供者や指導者やメンバーの話を聴き、そこから何かを学ぶ場にとどまらないものです。患者やセラピストの断片にメンバーや指導者が同一化してさまざまな情緒や空想を体験し、そこから何かを学んでいく場所なのです。

## メンバーは何を得るのか

　このようなことを前提として、ケースセミナーに参加することがメンバーに何をもたらすのかを考えてみましょう。ケースセミナーに出ることは、たとえば座学の授業のような、そこで教師が語る言葉、語る内容から学ぶという学びの場とは違っています。もちろん座学でも、教師の言ったことを鵜呑みにしてもしかたないので、それをよく批判的に吟味し、自分にとっての意義を評価した上でそれを取り込んでいく必要があるのは当然ですが、ケースセミナーの場合、メンバーが吟味しなければならないのは言葉ではありません。

　メンバーはケース提供者、メンバー、指導者が発した言葉だけでなく、主にその場に起きていることの全体を相手にしているのです。患者もそして報告されている治療状況も、すべてケースセミナーの空間のなかで、そしてメンバーのこころのなかで生きていると考えられるからです。つまり、私たちは吟味する前に、その素材を、つまり患者の一部やセラピー状況を生きる必要があります。言葉を聴き、理解するという、言語的象徴的な水準の仕事ではなく、まさに自分のなかに立ち現れて自分の気持ちや考えや衝動のなかに動いているものとして、患者や報告されているセラピーを体験する必要があるのです。

　重篤な患者のケースであれば、相当に訓練を積んだセラピストが報告するとしても、メンバーはさまざまな強い情緒や衝動、いくぶん自我違和的な空想を体験するものですし、それらがなぜ生じているのかわからないままにそれらに圧倒されたり、それに没頭したり、それにもとづいて行動（セミナー場面ですから発言ということになりますが）したりします。このような体験を咀嚼し、吟味して、ある種の考え／理解を患者や治療状況に対して生成すること、そしてそれを発言することは、このようなセミナーにおいてメンバーが営むべき本質的な活動なのだと思います。

　このような活動をそれぞれのメンバーがすることによって、その場にはさまざまな考えや理解が提出されます。それは必然

的にセラピスト／ケース提供者の視野を拡大し、新しい患者理解の生成を助けます。よいセミナーとはそれぞれのメンバーがこのような仕事をし続けているセミナーなのだろうと思います。

　さて、このような仕事が、実は分析的セラピストが患者とのセッションでおこなっていることにほぼ等しいということに気づかれたかもしれません。分析的セラピストは、自身が患者といっしょにいることがどのようなことなのか、どのように感じられるか、ということを言葉にするところから、患者のこころについての考えを紡ぎ出していきます。夢や失錯行為や症状は治療のなかに、おおむね患者の語りとしてセラピストに持ち込まれます。つまり言葉として持ち込まれます。しかし、精神分析のなかで起きるできごとは言葉としてセラピストにもちこまれるものではありません。それを転移と呼ぶにせよ、抵抗もしくは退行と呼ぶにせよ、それがセラピストにたどりつくのは、主にセラピストの情緒的体験を介してのことです。そうした言葉にならない情緒的できごとを言葉に紡ぎあげることからセラピストの仕事は始まります。「解釈」という言葉のもともとの意味である、ある言葉を別の言葉で表現する、ということとは違うのです。そして、セラピストはその言葉を適切なときに患者に伝えます。

　セミナーメンバーもまた上述のように、セミナー中におきた情緒的体験、セミナーメンバー、あるいは集団としてのセミナーとの情緒的接触から言葉を紡ぐという体験をします。それはまさに、自分の分析的セッション中に解釈を生み出すこととほぼ同じです。そしてさらにそれをセミナーでの発言という形で表現します。それは解釈の供給ということときわめて似ています。つまり、セミナーに参加することは、ある意味で「解釈生成」と「解釈供給」という分析的セラピストの基本的機能の「練習」なのです。単に受身で学び、誰かの言ったことを持って帰ることとは本質的に違います。自分がその場に参加するということによって学ぶ、体験を通じた「練習」なのです。

　とくに、「発言する」ということはとても重要なことです。ケ

ース提供者の視野拡大への貢献ということもありますが、なにより発言するメンバーのために重要なのです。分析的セラピーで患者に解釈を語ることには、ケイパーが指摘したように強い不安がつきものです。その不安を克服することは分析的な訓練の重要な目標です。その「練習」にケースセミナーは役立ちます。日本の臨床家、とくにサイコロジストにいつも私が感じてきたことは、どのようなセミナーやレクチュアでもめったに発言しないということです。何かを学んで、自分だけで家に持って帰り、それを自分のものにする、というようなことを考えているのでしょうか。そういうことでは、分析的ケースセミナーに参加する意義はほとんど失われます。いつ、どのように言葉にするか、ということも含めて、そこで発言することはセミナーでの学びの重要な一部です。「いつ」解釈するか、ということが分析的セラピストがもっとも大切にしなければならないポイントであることを考えればこのことは自明です。たとえば順番に発言することが決まっているようなセミナーの進め方が、このポイントの学びを台無しにしてしまうことは自明のことです。このあたりを出発点として、セミナーがどのように進められるべきかを考えてみましょう。

## セミナーはどのように進められるか
## よい指導者とは

いま述べたように、メンバーがセミナーで発言するタイミングがあらかじめ順番に規定されるようなことになると、最も重要な訓練のポイントをとり逃がしてしまいます。とくに最後に指導者がご託宣のように「正解」を言い渡すといった構造になっていると、セミナーという集団は依存の基底想定に支配されてしまい、それぞれのメンバーが真にこころの仕事をすることはできなくなります。つまり過度な儀式性はセミナーを退屈で非生産的で不毛なものにします。順番に発言すればよいということになっているセミナーは、メンバーが真に傷つきや迫害への不安を超えて自分で発言の機会を発見するという機会を奪い、

そのためにメンバーはある種の安心のなかに引きこもり、傍観者に転落してしまいがちです。

　セミナーに一定の枠組みが必要なのは当然です。時間通りにきちんと始め、きちんと終わるべきですし、予定の頻繁な変化は避けられるべきですし、料金についても主催者（多くは指導者）が明示的に請求するべきです。こういうことがいい加減だと、そこにきわめてめんどうなことが起きてしまい、セミナーは健全に進展しません。

　しかし、その枠組みが特にセッションの進め方においてあまりに強固過ぎすると、メンバーから真の学びの機会を奪うことになります。そのようなことが起きていないかどうか、絶えず検討することが、指導者には、そしてメンバーにも求められます。精神分析の実践がホフマンの言うように儀式性と自発性のあわいに立ち上がってくるものであるとするなら、過度な儀式性がそれを根幹から腐らせることは間違いないことです。そして、それはセミナーの場合も同じです。

　もちろん、過度な自発性も制御されるべきでしょう。メンバーが他の人の発言を遮ったり、発言しているメンバーがえんえんとケース提示者と会話をしていたりするようなことは、闘争逃避の基底想定やペアリングの基底想定を活性化します。そのようなことは真の自発性とは違ったものをセミナーの場に持ち込みますから、指導者はそうした現象をたくみに制御しなければなりません。指導者はそのセミナーの場を儀式性と自発性が生産的に交流する場として維持するという重要な役割を果たす必要があります。

　そして、さらに重要なことは指導者自身も変化すること、そしてそれを認めることの必要性です。私も経験がありますが、指導者として「間違ったことを言いたくない」という考えが自分を支配すると、セミナーでのディスカッションを模様眺めして、大枠がひとつの方向にまとまっていったらそれを支持するといった、穏当な機能に自分をはめ込もうとしがちです。あるいは、ひとつの考えを述べたら、その発言に固執して自分の考えを正当だと主張したりするようなこともありえます。私はそのような指導者は偽物だと感じます。私自身も以前偽物であっ

たり、いまも偽物であったりする可能性もあると思っています。
　そこでのやり取りにその場その場で十全に参加すること、自分の考えがやりとりのなかで場合によっては正反対の見解へとさえも変化することを許すこと、そしてその自分の変化やその変化にともなう情緒を十分に自覚してメンバーに呈示しうるキャパシティをもつこと、このようなことこそ、その場が真に生きたものになることを促進する指導者のありようだと思います。端的に言えば、メンバーの意見で自分のケースへの見方が変わったことをメンバーに隠さないということです。そういう指導者のありかたを取り入れることによって、メンバーは真に分析的なこころの使い方とはどのようなものかに到達していくことが可能になるはずです。

## おわりに

　ひとことでいって、セミナーとは「体験から学ぶ」ことです。そのためには、メンバーは十全に体験しなければなりません。そしてその体験が十全に保証されるように指導者はふるまわなければいけません。そのようなとき、ケースセミナーは生きたものになり、そこから学ぶものはきわめて大きくなるのです。

註）日本ではケースカンファレンスとケースセミナーを区別しないでケース検討会と呼んでいますが、本書で扱うようなメンバーの訓練に主眼を置いたクローズドの少人数のセッションは、海外ではケースセミナーと呼ばれることが多いので、本稿ではそれを用います。

○目 次○

プロローグ　精神分析的なケースセミナーについて考えること（藤山直樹）　i

序　章（大森智恵） ................................................................. 3
　🌿 ケース検討会のさまざま
　🌿 ケース検討会グループの現状
　🌿 なぜケース検討会グループなのか
　🌿 ケース検討会グループの実際
　🌿 本書におけるケース提示の構成

Case 1　　　スーパーヴァイザー（吉村聡・大森智恵）
　　　　　　スーパーヴァイザーのコメント、Q&A（大森智恵） ................. 29
Case 2　　　スーパーヴァイザー（吉村聡・大森智恵）
　　　　　　スーパーヴァイザーのコメント、Q&A（吉村聡） ................... 55
Case 3　　　スーパーヴァイザー（藤山直樹・大森智恵）
　　　　　　スーパーヴァイザーのコメント、Q&A（大森智恵） ................. 79
Case 4　　　スーパーヴァイザー（藤巻純・大森智恵）
　　　　　　スーパーヴァイザーのコメント、Q&A（藤巻純） ................... 103
Case 5　　　スーパーヴァイザー（藤巻純・大森智恵）
　　　　　　スーパーヴァイザーのコメント、Q&A（藤巻純） ................... 125
Case 6　　　スーパーヴァイザー（吉村聡・大森智恵）
　　　　　　スーパーヴァイザーのコメント、Q&A（吉村聡） ................... 147
Case 7　　　スーパーヴァイザー（松木邦裕・大森智恵）
　　　　　　スーパーヴァイザーのコメント、Q&A（大森智恵） ................. 171

エピローグ　不快な集団に入る（松木邦裕）　195

あとがき　201

# 序章

　私たちは心理療法をおこなう臨床の場で、日々、悩み、迷い、苦しんでいるといっても過言ではありません。本書は「さまざまな現場で心理療法をおこなう臨床家の方々に、少しでも役立つ何かを提供したい」という強い想いが、かたちとなったものです。

　臨床現場に出られている方はすでに経験されていると思いますが、私たちは日々の臨床のなかで、ひとりでは解決し難いさまざまな問題に直面します。本書はそのような問題に、ケース検討会を通していかに取り組んでいくのかを示しています。

## ケース検討会のさまざま

　ケース検討会（「事例検討会」あるいは「ケースカンファレンス」とも言われますが、本書では"ケース検討会"とします）には、さまざまなものがあります。

　例えば病院のような医療機関の場では、医師やコメディカルなど多職種がともに集い、ケースについてさまざまな立場から検討するものもありますし、臨床系の大学院であれば、大学院付属の相談室のケースを検討するものもあります。その他、臨床現場で働く同じ職場の心理士同士のものや、臨床現場は違えど、同じオリエンテーションをもつ心理士同士のものなど、枚挙にいとまがありません。

### 個人スーパーヴィジョンの必要と現状

　もちろん、臨床の力を着実につけていくためには"個人スーパーヴィジョン"が強く求められることは言うまでもないでしょう。個人スーパーヴィジョンが心理療法の臨床教育における基本的な教育方法であることは、すでによく知られたことです。

　この個人スーパーヴィジョンでは、スーパーヴァイザーとスーパ

ーヴァイジーが一対一で、毎週あるいは隔週の構造で、継続的に訓練を受けることを基本とします。たいていは、直近のひとつのセッションを丁寧に検討し、またひとつのケースを継続的にみていくことが多いため、受ける期間は年単位となることがほとんどでしょう。その長い経過のなかで、ケースとスーパーヴァイジー、スーパーヴァイジーとスーパーヴァイザーのいわゆるパラレル関係（パラレル・プロセス）など、興味深い現象が起こることもよく知られています。

ただ実際、スーパーヴァイザーの人材的・時間的な問題やスーパーヴァイジーの時間的・経済的な問題など、現実的な困難が生じることも多く、スーパーヴィジョン自体、なかなか希望どおりに受けられない現状があることも確かです。

### ケース検討会グループの特徴

一方、本書のテーマである"ケース検討会グループ"とは、スーパーヴァイザーを中心に複数のメンバーが参加し、毎回、ひとりのメンバーによって提示されるひとつのケースをグループ全体で検討していくというものです。そこには、個人スーパーヴィジョンのように、個別に深く検討できないという難点がある一方、スーパーヴァイザー以外の他のメンバーからも、さまざまな視点からコメントを得られるといった利点があります。また、後に詳しく述べますが、グループのメンバーであるスーパーヴァイジー同士が相互に影響し合い、学び合うことができる点は、最大の魅力です（このケース検討会グループを慣習的に、「グループ・スーパーヴィジョン」と呼ぶこともありますが、グループ・スーパーヴィジョンとは、正確には「同一のスーパーヴァイザーと三、四人のメンバーで月に二、三回程度、それぞれ同一のケースを継続的に検討していくものであり、厳密な意味では"ケース検討会グループ"とは性質を異にします）。

"個人スーパーヴィジョン"についてはこれまでにさまざまな視点から論じられてきました。スーパーヴィジョンに関する学術的な論文も多く見られます。しかし"ケース検討会グループ"についてはどうでしょうか。実際、私たちの心理臨床の業界には数多くのケース検討会グループが存在するにもかかわらず、このグループについて十分に議論されてきたとは言えません。

私たちはケース検討会グループについて語ることに、どこか躊躇

いや戸惑いがあるのでしょうか。グループはあくまでもケースを理解するひとつの手段に過ぎないという考えから、改めてそれを語るという発想に行き着かないからでしょうか。もしかしたら他にもさまざまな理由があるかもしれません。

　ただ、現在どこかのグループに参加している方たちは感じられていると想像しますが、私は"ケース検討会グループ"にはグループ独特の面白さがあるように思うのです。

　具体的にその例を挙げてみましょう。
　ケース検討会グループのある回で、ひとりのメンバーがケースを提示します。そしてディスカッションに入ると、各メンバーは思いつくままに、ケースに関する質問、感想、連想、理解などをコメントしていきます。
　それらのコメントに対して、もちろんケースを提示した発表者が答えることもありますし、そのメンバーのコメントに刺激されて、別のメンバーがコメントをし、今度はそれに触発されて、また別のメンバーがコメントをすることもあります。場合によっては、直前になされたコメントとは正反対のコメントがなされたり、それまでのディスカッションの流れとはまったく関係ないと思われるコメントが発せられたりすることもあります。ディスカッションの流れや、それに連動したメンバー間のこころの動きは、それ自体、非常に興味深いものです。
　また別のある回では、提示されたケースに対して、メンバーの誰からもまったくコメントが出ない時間が長く続くこともあります。このような状況があったかと思うと、また別の回では、メンバー同士が同時にコメントをしようとして発言が重なり、互いにハッと顔を見合わせ、気恥ずかしそうに譲り合うことが何度も生じることがあります。
　なぜ、このようなことが生じるのでしょうか。そこにはさまざまな可能性が秘められているようです。例えば「その状況に、提示されたケースのこころの状態が象徴的にあらわれている」こともあるでしょう。あるいは「そのケースと発表者との関係性があらわれている」こともあるかもしれません。つまり、その時、ケースのこころの状態やケースと発表者の関係性などが、グループのなかに具現

化・体現化されている可能性があるということです。グループが始まると、突如その場に生き生きとしたある生命が宿るかのようです。このようなグループでの体験を通して、ケースに対する私たちの連想はさらに広がり、ぐっと深まりをみせるのです。

**本書で紹介される取り組み**

　本書は、そのようなケース検討会グループでのディスカッションをできるだけ詳細に、具体的に示そうと試みました。読者の方々に、ケース検討会グループに参加しているかのような臨場感を味わっていただくためです。

　具体的には、実際のケース検討会グループの様子を7回分、ご紹介しています。それぞれの様子は、その回毎にかたちを変えてあわれ、毎回、新鮮なものと体験されることでしょう。

　私たちのケース検討会グループは2012年度に産声を上げました。毎月1回で年間12回、1回あたり2時間でおこなわれ、現在も進行中です。ケース検討会グループのメンバーは、臨床歴が5年〜10数年ほどの12名の心理臨床家であり、スーパーヴァイザーは毎回2名ずつ参加しています。スーパーヴァイザー2名のうち、大森智恵は司会を兼ねて毎回参加し、もうひとりは、主に藤巻純氏と吉村聡氏のいずれかが、それぞれ参加しています。そして両氏以外にも、ゲスト・スーパーヴァイザーとして、これまで多くの先生方にご参加いただきました。本書には、グループにお越しいただき、また本書にご執筆いただいている藤山直樹先生の回と松木邦裕先生の回を入れています。

　本書の最大の特徴である"ケース検討会グループ"のディスカッションを、早くご紹介したいところですが、その前にまず、私が考えるケース検討会グループについて、少しだけ、お付き合いいただければと思います。

## 🌿 ケース検討会グループの現状

　学派を問わず、心理臨床をおこなう私たちの周りには、数多くの"ケース検討会グループ"が存在しています。少し大きなセミナーや勉強会などに行けば、ケース検討会グループの案内を目にすることもあるでしょうし、また精神分析学会誌や精神分析学会のホームページを見れば、学会の認定グループとして登録されている、数多くの研修グループの存在に目を見張るはずです。

　ただ、そのなかのあるグループに入りたいと思い、グループの主催者に直接アクセスしてみても、そのままスムーズに入れるかといえば、実際は非常に難しいのが現状です。そもそもグループには、ある程度の人数制限がありますし、しかもセミ・クローズドあるいは、クローズドでおこなっているところがほとんどだからです。またそうでなかったとしても、メンバーが同じ職場の者に限られていたり、同じ出身大学および大学院の者に限られていたりすることもあります。

　やはり、クローズドにはクローズドのよさがあり、当然のことながら、守秘義務の問題、その他さまざまな理由により、クローズドである必要もあります。また、グループの力動を考えると、外部からある種、未知の異質のものが入ってくることに対して、慎重にならざるを得ないことも、十分に想像できることでしょう。メンバーが限定されていること自体が、私たちの臨床の特徴をあらわしていると言ってよいかもしれません。

　最初からグループに入ることに興味がない方の場合は、こうした状況に対して特に何も感じないかもしれません。ですが、いま、本書を手に取っていらっしゃる方々は、少なくともグループに何らかの興味があり、その方々のなかには、いままでに実際、どこかのグループにアプローチしたけれど入れなかった、という現実に直面された方もいらっしゃるかもしれません。

　実際、私はこれまで、臨床歴のそれほど長くない若い臨床家たちが、こうした既存のグループに入れないという状況を何度か目にすることがありました。一方で、臨床歴を重ねた臨床家の方々も、新

たなケース検討会グループに参加することが、さまざまな理由で難しいということも耳にしていました。

　もちろん、こうした現状に甘んじることなく、自分自身でメンバーを集め、新たにグループを形成するのも素晴らしいことだと思います。実際にそうした方たちもたくさんいらっしゃるでしょう。ただ、グループの形成にはやはり高い凝集性が求められ、特にリーダーには構造を維持し、メンバーを維持していくための相当なエネルギーが求められることも確かです。そしてメンバーを集め、グループが形成されたとしても、実際、どの先生をスーパーヴァイザーとして迎えるのか、さまざまなつながりがないなかでは、スーパーヴァイザーの突然の依頼は、やはり厳しいと言わざるを得ません。

　心理臨床をおこなう私たちの周辺に存在する"ケース検討会グループ"は、いま、このような厳しい現状にあるのではないかと思われます。

### 本ケース検討会グループの成り立ち

　私は上記のような、特に若い臨床家たちが、既存のグループになかなか入れないという現状を何度か目にするうちに、何か自分にできることはないだろうかと考え始めました。

　私はその当時も運よく、あるグループにメンバーとして参加していたので、正直なところ、自身のなかに、特に切実なものや切迫したものはありませんでした。ただ私の周りに、先に記したような若い臨床家が何人かいたため、やはり何となく気になってはいました。同時に、「『自分に何かできることはないだろうか』と考えること自体、おせっかいに過ぎないのだろうか、それ自体が、自身のナルシシスティックな部分のあらわれだろうか」とも感じていました。

　そのような時期を過ごしていたある日、当時はまだ臨床歴が2〜3年のある心理士から、ケース検討会のスーパーヴァイザーの依頼をいただきました。それは、大学院生も含めた15名ほどのメンバーで、ケースを検討するというものでした。そのケース検討会のディスカッションで印象的だったのは、臨床歴のまだ浅い心理臨床家や大学院生が、非常に意欲的で、積極的に多くを学ぼうとするその姿勢でした。そうしたメンバーが集まるなか、適度な緊張感がありながらも、自由に考えや連想を語るといった有意義なディスカッショ

ンが展開されていきました。それを目の当たりにしたとき、こうした意欲的な若い臨床家たちが、もっと多くを学べる場があってもよいはずだと強く感じました。

そのケース検討会グループが終わった後、依頼をいただいた心理士に、「もう少しインテンシブなかたちでのグループがあるといいね」というようなことを伝えたと記憶しています。その心理士も非常に乗り気で、そこから一気に、ケース検討会グループの立ち上げに向けての動きが始まったのです。

基本的に私は、個人スーパーヴィジョンもそうですが、スーパーヴァイザーは一人に限ることなく、いろいろな多くの先生に受けるのがよいと考えています。さまざまな視点をもった先生からさまざまに刺激を受け、それぞれの出会いのなかで私たちは成長していくのだと思うからです。この考えに基づき、私はまず、スーパーヴァイザーとして、ともにグループを形成するための力強い仲間を求めました。具体的にはスーパーヴァイザーを、自身を含めて毎回二人、置くことを考えたのです。

私は、2013年に日本精神分析協会の候補生となったのですが、その2年前の2011年にすでに候補生となられていた吉村聡先生の存在が浮かびました。吉村先生とは2007年に同じ心理士の仲間同士で立ち上げた、メラニー・クラインの読書会でともに学んでいました。先生は穏やかななかにもすっと芯が通り、知識も豊富で、そのなかでも私がいちばん魅力的だと感じているのは、偽ったり誤魔化したりすることなく、自身のさまざまな体験に対して正直で、しかも豊かなユーモアをもっていらっしゃるところです（「いやいや、やめてくれ」という声が聞こえてきそうですが、そのとおりなのです）。それはいま現在も裏切られてはいません。

もうひとりは、2014年に同じく日本精神分析協会の候補生になられた精神科医の藤巻純先生でした。藤巻先生もメラニー・クラインの読書会でご一緒だったのですが、それ以外にもさまざまなケース検討会でお会いすることがありました。先生はいつも謙虚で柔らかで繊細で、ケースに対する非常に細やかな視点をもっていらっしゃるところが魅力的でした。同時に、精神科医として病院で臨床をおこないながら、ご自身で「オフィスF」を開業され、その臨床家と

しての姿勢からも大きな刺激を受けていました。そのおふたりの先生に声をかけさせていただいたところ、おふたりともすぐに快諾して下さいました。

またおふたり以外にも、いままでさまざまな場でお世話になっている先生方、別のケース検討会グループでともに学ばせていただいている先生方、学会、セミナー、その他の勉強会などでつながりができた先生方など、これまで多くの先生方を「ゲスト・スーパーヴァイザー」としてお迎えする運びとなり、現在に至っています。

### ❦なぜケース検討会グループなのか

本書を手に取られた皆さまのなかには、すでにどこかのケース検討会グループに所属している方もいらっしゃるかもしれません。あるいは、これからどこかのケース検討会グループに参加したいと考えている方もいらっしゃるかもしれません。その場合、"そもそもなぜ、自分がこのケース検討会グループに参加しようと思ったのか"、あるいは、"なぜ、このケース検討会グループに参加したいと思うのか"について改めて考えてみると、どのような理由が浮かんでくるでしょうか。

「まだ個人スーパーヴィジョンを受けていないので、何となく不安で……」とか、「たまたま知り合いが参加していて、面白いと聞いたので……」とか、「ケース検討会グループのスーパーヴァイザーの先生に、もう少し近くで学びたいから……」という声は聞こえてきそうです。それはどれも、とてもよくわかる理由です。実際、私があるケース検討会グループに参加しようと思ったとき、上記のようなことを漠然と感じ、考えていました。

ただ、それから時が経ち、同じケース検討会グループに長年参加し、そしていま、自身が新たなケース検討会グループを主催している立場になって、"ケース検討会グループの中に身を置くことの意味、そしてその魅力"について改めて考えてみると、以下の五点が浮かび上がってきました。

順に挙げると、①グループのメンバー同士が相互に影響し合い、学び合えること、②第三者に開かれる体験をもつこと、③提示され

た患者のあり方や、患者―治療者関係が、グループのメンバーのこころの動き（グループ・ダイナミクス）にあらわれやすいことから、グループ・ダイナミクスを体験し、そのなかでケースへの理解が深められること、④スーパーヴァイザーをめぐるメンバー間の同胞葛藤に身を置き、そこで感じ考えることで自身を成長させること、⑤心理臨床家としての横のつながりを作ること、の五つです。

以下、ひとつずつ、詳しく述べていきましょう。

**① グループのメンバー同士が相互に影響し合い、学び合えること**
私はこれこそが"ケース検討会グループ"の最大の魅力だと感じています。

まず、発表する立場から考えてみましょう。ケース検討会グループでは、発表者はまずケースの概要、そしてその回で提示される具体的なセッションに入るまでの、心理療法のプロセスを具体的に語ります。そしてディスカッションに入ると、メンバーおよびスーパーヴァイザーからさまざまな質問、感想、理解などがコメントされます。

これらのさまざまなコメントのなかには、「そういう視点もあるのか」といった、自分がいままで考えてもみなかったような新鮮な視点を含むものや、「あぁ、そういうことを私は感じていたのだ」といった、これまで漠然と感じてはいたけれど言葉にならなかったものに言葉を与えてくれるものがあります。新しい視点や他者によって明確化された理解が得られることは、それ自体、とても貴重な体験です。

一方でなかには、「それを指摘されると辛い……」といった受け入れがたいものや、激しくこころ揺さぶられるようなものもあるでしょう。また、それぞれのコメントに対して、自身の理解やこころが追いつかなかったり、その場では消化しきれなかったりすることもあるかもしれません。

このような場合、ケース検討会グループが終わった後、じわじわとそのディスカッションがよみがえり、そこでなされたコメントについて、改めて考えてみることになります。そしてそこでようやく腑に落ちる感覚を得たり、逆になぜか悲しい気持ちになったり苛立

ちが生じたりすることも、場合によってはあるでしょう。特に後者の場合、「こうした情緒体験がいったいどこから来ているのか」とさらに考えてみることで、ある理解に至ることもあるかもしれません。

これらはすべて、意味あるこころのプロセスとなるのです。そしてさらに付け加えるならば、ある理解に至ったとしても、その理解に安住することなく、その後も自分のこころのなかでじっくり時間をかけて対話をし、実際のケースと出会うなかで、毎回その理解を更新していくその姿勢こそが求められるでしょう。

また発表する立場ではなく、発表を聞く側として参加する場合はどうでしょうか。まだ多くのケースを担当する機会がない場合や、自分の経験したことのない現場でのケースを聞く場合などは特に、発表者の提示するケースに触れること自体が貴重な体験となります。

ディスカッションに入ると、提示されたケースについて、メンバーやスーパーヴァイザーからさまざまな理解が得られますが、それ以上に意味あることは、ケースを聞きながら、自分がその場にいることを想像し「自分だったらどう理解するだろうか」と考える機会が得られるということです。そして発表者のケースに対する理解を聞きながら、「なるほど、そのように理解するのか」と思ったり、他の多くのメンバーによる、さまざまな視点からのコメントに対して「自分だったら別の理解をするかもしれない」と思ったりします。そしてその理解を実際にその場でコメントしてみるのです。ケース検討会グループにおいて自分の考えを発するということは、心理療法において"自分の考えを解釈として伝える"という行為と同じであり、とても大切なことなのです。

さらに場合によっては、納得のいくコメントをしたメンバーやスーパーヴァイザーのケースの捉え方や理解の仕方に刺激を受け、自分もそのように理解し考えられるようになりたいと思い、自己研鑽を始めることもあるでしょう。心理療法では、患者が他者である私たちとの出会いを通じて、患者のこころにある種の変化が生じるように、私たちは他者であるメンバーとの出会いを通じて、こころに何かがもたらされ、それが自分のいままでのあり方をもう一度見直す機会になることも、往々にしてあるのだと思います。

また、メンバー間で生じることのなかで、私が"ケース検討会グループ"を面白いと感じるもうひとつの点は、ケース検討会グループのそれぞれのメンバーが、それぞれのメンバーに対して、ケースの理解の仕方や発表の仕方に傾向を見出し、互いにそれらを把握しているという点です。
　具体的には次ようにあらわれます。あるメンバーの発表に対して、それを聞いていた他のメンバーが、「今日の発表は、いつもの○○さんらしくないですね」とか、「△△さんは、いつもこういう感じになりますね」などというコメントが時々、なされるのです。私たちは、意識しているかどうかは別として、ケース検討会グループの回を重ねるにつれ、それぞれのメンバーの特徴や傾向などを感じ取っているのでしょう。そしてこのようなコメントには、たいてい、自分ではなかなか気づきにくいものが含まれています。よって、これらは自分自身について考えるきっかけを与えてくれるものであり、また、ケース検討会グループのなかで自分の傾向を感じ取ってくれているという、安心感をもたらすものになるでしょう（グループをセミ・クローズドあるいはクローズドにする理由はここにもあります）。
　こうした体験は、ケース検討会グループでの回を重ねる毎に、少しずつ、積み重ねられていくメンバー間の互いの信頼関係があってのことだと思います。それは自身が欠点だと感じている部分も含めて、抱えられているという安心感でもあるのです。

### ② 第三者に開かれる体験をもつこと
　心理療法は、面接室という密室で、患者と自分のふたりだけでおこなうものです。そして当然のことながら、その構造自体が大きな意味をもちます。ですがもし、私たちが他の臨床家とのつながりを断ち、その営みを誰にも開かずにずっとひとりでおこなっているとしたら、どのようなことが起こるでしょうか。私たちは孤立し、いつの間にか考えが偏り、しかもそれに気づかず、独断的・偏狭的になってしまう可能性は十分にあるでしょう。それはとても危険なことです。
　このように喩えてみるとわかりやすいかもしれません。私たちはある部屋で臨床をおこなっています。その部屋は、患者と治療者にとって外部から守られた空間である必要があります。そこでようや

く、患者は安心して自分を語ることができるのです。ですが、その空間にもときどき、風通しが必要です。締め切った空間のなかでは、当然、空気はよどみやすくなるため、私たちはときどき窓を開ける必要があるのです。ケース検討会グループでいえば、ときどきケースを提示し、第三者にみてもらうということになるでしょう。

　私たちの仕事は、孤独です。そしてそれ自体が意味あることだという前提のもとで、さらに話を進めていきましょう。
　心理療法をおこなう密室のなかだけで、患者と自分というそのふたりだけで通じ合っていたような世界を、ふたり以外の第三者に伝えようとするとき、私たちのなかにさまざまなこころの動きが生まれます。ふたりだけで通じ合っていたものに言葉が付与され、いくつかの体験がある種のかたちをなし、またいくつかの気づきが生まれるのです（もちろん、言葉が付与されることでこぼれ落ちてしまうものもたくさんあります）。わかっているつもりになっていただけで、実は何もわかっていなかったことが明らかになる場合もあるでしょう。これらは個人スーパーヴィジョンでも生じることですが、ケース検討会グループではメンバーのこころがダイナミックに動き、後に述べるような同胞葛藤も刺激されやすいため、この三者性という視点が、より顕著に立ち現れるのではないかと感じます。

　わかりやすく言えば、ケース検討会グループには、私たちの閉じた空間での営みを外部に晒す意味があるということです。二者で営まれているやりとりをグループに提示しようとするとき、そこに三者性がもち込まれます。それは一見、学会発表と同じだと想像されるかもしれませんが、発表を聞いてもらうその相手が、自分にとって馴染みある人たちであるということが大きな違いでしょう。つまり、その第三者と自分との間に、先に述べたような信頼関係があるかどうか、という点が大きく異なる点なのです。

③ グループ・ダイナミクスを体験し、そのなかでケースへの理解が深められること
　グループ・ダイナミクスについては、本書のケース検討会グループの具体的な提示を読んでいただくと、いちばんわかりやすいと思

いますが、ここでは私自身の体験を具体的に述べてみたいと思います。

　私は長年、あるセミ・クローズドのケース検討会グループに属していますが、そのメンバーには、毎年一、二回、ケース検討会グループでケースを提示する機会が与えられます。同じメンバーで構成されているそのケース検討会グループでのディスカッションには、スーパーヴァイザーを中心として、メンバーからのさまざまな理解や視点がもち込まれ、ケースを提示したメンバーは、新しい気づきや支えを得て、日々の臨床を磨き上げています。私もその例にもれず、これまでさまざまな患者を提示し、そこで多くのものを得てきました。

　ただ、数年前、私がある女性患者について発表した際、非常に興味深いことが起こりました。発表したケースは、パーソナリティ障害の中でも比較的水準の高い人でした。ケース検討会グループではいつものようにディスカッションに入り、メンバーからさまざまなコメントがなされ、一見、豊かなディスカッションが展開されているようにみえました。私は、いつもならばメンバーからのコメントに、見落としていた新しい発見や視点を見出し、それらのコメントを、自分の理解をより深化させてくれるものと体験していたのですが、その回、私はなぜか、グループのメンバーやスーパーヴァイザーからのコメント、特に男性メンバーからのコメントに、やや被害的な気持ちとなったのです。「自分の伝えたいことがぜんぜん伝わらない」と感じました。ケース検討会グループの最中ずっと、「なにかがおかしい。いつもとなにかが違う」といった漠然とした違和感を抱き続けていました。そしてそのケース検討会グループが終わった後、自分が思っていた以上に傷ついていることに気づいたのです。

　私は、その傷つきの原因をどこかに見出そうとしました。最初に考えたことは、形式的なことでした。つまり、自分のレジュメのまとめ方がまずかったのかもしれないということに原因を求めようとしたのです。ですが、発表したレジュメをもう一度、じっくり読み直してみたところ、そのレジュメの書き方は別の回で報告した他の患者についてのレジュメの書き方と、特に表現、その他に変わりは

ありませんでした。私はその後も、何となくもやもやとした気持ちを抱き、なぜこのようなことになったのだろうかと考えてみましたが、やはりよくわかりませんでした。彼女の主訴が「思っていることが相手に伝わらない」とのことでしたので、当然、この主訴が影響しているだろうと知的には理解していましたが、実感はあまりなく、同時にこの理解はあまりに単純すぎるだろうとも思いました。

　それから数年間のうちに数回、別のケースを出してみましたが、特に上記のような体験になることはありませんでした。そして私は、ある年にもう一度、そのケース検討会グループで彼女を出してみようと決心しました。やはり以前の体験が私のなかに、小さなしこりとしてずっと残っていたのです。
　そこで……「今回は大丈夫だった」と言いたいところなのですが、なんと（！）、また同じ体験となったのです。私は愕然としました。やはりこれは何か彼女と私との間に独特の関係が強固に出来上がってしまっているのかもしれないと感じました。そのとき、グループのある女性メンバーが、「治療者（私）と彼女が、原初的な母子関係のような、ある種、排他的な二者関係になっているようだ」といったコメントしてくれました。このコメントだけが、私のこころに残り、確かにそれはあるかもしれないと思いました。
　ただ、いま振り返ると、私はこのとき、このケースを発表する際、自分がそのとき確実に感じていた、以前にこのケースを出した時の体験と、今回、再びこのケースを出そうと考えた理由について、グループのメンバーに率直に自分の気持ちを言えずにいたのです。これも同じケース検討会グループでの私の、他のケース発表ではありえないことでした。そうした不自由さが、まさに彼女と私の関係性にも展開していたのです。

　このエピソードには、実はまだ続きがあります。その後ケースは、少しずつではありますが、変化が起きていました。私は別のセミ・クローズドのケース検討会にこの彼女のケースを出してみることにしました。そのケースを提示する前に、私は先に述べたケース検討会グループでの体験を語っていました。私はやはりこの段になっても、なにか自分を慰めてくれるようなものを求めていたのかもしれ

ません。実際、そのケース検討会で得られたコメントは非常にあたたかなものでした。ただ本来は、同じケース検討会グループでそのことを解決すべきだったといまは感じています。

そのケース検討会でケースを出したこと自体が、私のある種の行動化であり、彼女のあり方そのものでもありました。そしてもうひとつの理解も生まれました。それは、これまでずっと面接で語られなかった彼女のある過去の非常に辛い体験について、「触れてほしいけれど触れてほしくない」という強いアンビバレントが、私たちの関係、そして私とケース検討会グループとの関係に大きく影響していることがわかったのです。

以上、私のある患者をめぐる体験を述べてみました。もちろん、これは彼女の問題や、彼女と私の関係性の問題だけではなく、私自身の問題とも複雑に絡み合っていました。ただ、確実に言えるのは、そうした特殊で複雑な関係性自体が、ケース検討会グループにあらわれやすいということです。これらの体験を通じて患者、ひいては自分自身について考えていくきっかけになることがあるのだと改めて実感しています。

④ **スーパーヴァイザーをめぐるメンバー間の同胞葛藤に身を置き、そこで感じ考えることで自身を成長させること**

これは当然のことながら、グループのメンバーそれぞれによって、感じ方はずいぶん違うでしょう。感じ方と同様に、感じる度合いも人それぞれだと思います。「同胞葛藤なんて、そんなことは感じたことがない」と思われるメンバーもいるかもしれません。

ただ、まったく感じたことがないと言う方も、例えば、このような状況を想像してみるといかがでしょうか。自分があるケースについてコメントをします。そしてそれに対して他のメンバーがまったく反対のコメントをし、そのメンバーのコメントに対してスーパーヴァイザーが同意する、といった状況です。

程度の差はあるかもしれませんが、そこで、「あぁ、自分はそう思ったけれど、違ったのだろうか。あの人のコメントは確かにそうかもしれない。スーパーヴァイザーも同意した。自分は何か捉え損ねたのだろうか。でも自分はそう思ったのだけれど……」などと、そ

のときの体験をこころにめぐらせ、それについてさまざまに考えるでしょう。そのなかで、もしかしたら、自分のこころのなかに、スーパーヴァイザーをめぐるメンバー間のある種の競争関係に気づくかもしれません。また、スーパーヴァイザーに認められたいという隠れた気持ちに出会うかもしれません。

　そもそも私たちは、自分が所属しているグループのスーパーヴァイザーに対して、少なからず、何らかの魅力を感じているからこそ、そのグループに参加しているのだと思います。その魅力を感じているスーパーヴァイザーに少しでも認められたいと思うのは、むしろ自然な気持ちではないでしょうか。

　このように、スーパーヴァイザーを"親"とした大家族のなかの"兄弟"として、そこで生じる出来事や体験をめぐり、自分のなかに湧き起こるさまざまな情緒に気づいていきます。そして、他のメンバーのケースを理解する力や感受性などに刺激され、自分ももっと臨床の力をつけたいと思うかもしれません。例えば具体的には、ケース検討会グループと並行して個人スーパーヴィジョンを受けるとか、場合によっては自分自身がセラピーを受けるなど、さらなる自己研鑽を始める人もいるでしょう。このような「もっと成長したい。臨床の力をつけていきたい」という原動力は、この競争意識から生じることもあるだろうと想像します。こうして私たちはグループのなかで揉まれ、成長していくのです。この競争意識自体、人によっては受け入れがたいものかもしれませんが、私はむしろ、自然なものだと考えています。もちろん先に述べたように程度の差はありますが、精神分析において「同胞葛藤」は、ごく普通の、至極当然のものなのです。


　また、ここでスーパーヴァイザーが出てきましたので、その連想で、スーパーヴァイザーに対する"理想化"についても触れてみたいと思います。

　例えば、ケース検討会グループに参加を始めた当時、強く理想化していたスーパーヴァイザーに対して、その後もずっと理想化した状況が続いていたり、また逆に、理想化していたものが、「なんだ、たいしたことないな」とか、「スーパーヴァイザーよりも自分の方がわかっているのではないか」などと、一時的にスーパーヴァイザー

を価値下げしたりしたくなるような気持ちになることもあるかもしれません。

　"理想化"とは、自分が対象や自分自身を完全無欠なものとして過大評価することであり、尊敬・賞賛・崇拝・万能視・憧れといった要素が含まれます。ある程度の理想化はあってもよいものかもしれませんが、それが強く働き過ぎていると感じたとき、また、いつの間にか価値下げしていると感じたとき、少し自身を振り返ってみてもよいかもしれません。これは臨床場面でも同様です。患者から向けられた強い理想化は、特に病理が重い場合、遅かれ早かれ、それは容易に価値下げにすり替わるものなのです。

　スーパーヴァイザーからよいものはたくさん吸収し、違うと思うことはその都度、率直に自分自身の考えを伝えること、スーパーヴァイザー、そしてスーパーヴァイザーを中心としたメンバーとの相互交流のなかで、自分自身の考えをさらに発展させていくこと、これこそが"ケース検討会グループ"の大きな魅力だと言えるでしょう。

### ⑤ 心理臨床家としての横のつながりを作ること

　人がひとりでは生きていけないように、私たち心理臨床家は、縦のつながりと同様、横のつながりなしでは生きていけず、またよい臨床はおこなえないのではないかと感じています。この心理臨床の世界で、すでに多くのグループが存在しているという状況自体が、その証左となっているのかもしれません。

　ここで〈②第三者に開かれる体験をもつこと〉で述べた部屋のたとえをもう一度、思い出していただければと思います。

　私たちはある部屋で臨床をおこなっていますが、その部屋は、患者と治療者にとって外部から守られた空間である必要があると同時に、その空間にもときどき風通しが必要だというものでした。ここでは、さらにそのたとえを続けましょう。私たち守られたその空間にいるとき、常に開けているわけではないその窓から、暖かな光が注がれていることを感じます。臨床は孤独な営みですが、その営みを支えてくれるメンバーの存在を感じるときでしょう。必要に応じて開ける窓、これこそが、私たちの横のつながりだと言っていいのではないでしょうか。

よい臨床をおこなうためには、守られた空間だけではなく、時にそこに新鮮な空気を入れるための、窓の存在、そして支え合うメンバーの存在が大切になるのです。

　また、横のつながりを作るという点について、具体的には次のようなこともあります。
　ケース検討会グループに属していると、それぞれのメンバーがそれぞれどのような現場で働き、そこでどのようにケースと向き合っているのか、さらにどのような考えをもって臨床に臨んでいるのかが感じ取られます。そしてあるときは、あるメンバーに対して、個人的に自分の抱えている困難なケースについて相談をしたり、またある時は、別のメンバーとともに仕事をしたり、またメンバーのなかに医師がいる場合などは、自分の担当しているケースの主治医となってもらったり、別のメンバーとは職場を紹介し合ったり、患者を紹介し合うということも、実際、多くあります。ケース検討会グループで回を重ねるにつれて少しずつ培われてきた信頼関係は、私たちが想像する以上に、貴重な財産となるのです。
　例えば患者を紹介するという場合について、具体的に想像してみましょう。患者の紹介先の相手を自分がよく知っており、さらにその相手に信頼がおけるということは、自分にとって安心であるだけでなく、患者にとっても安心をもたらすことになります。患者にとって「紹介される」ということだけでも強い不安が喚起されるなか、よく知っている臨床家を紹介されるということは、やはり、まったく知らない臨床家を紹介されることに比べると、これも私たちが想像する以上に大きな違いがあるはずです。

　メンバー間の信頼関係については、当然ですが、付け焼刃的に築かれるものではありません。同じグループに長く属し、そこでさまざまな体験を通じて、少しずつ培われてゆくものなのです。そして信頼するメンバーができると同時に、言わずもがなですが、自分もそのメンバーの人たちから信頼を抱かれるように自分を高めていく、それは当然、自分の成長にもつながるものでしょう。

## 🌿 ケース検討会グループの実際

　さて次に、実際のケース検討会グループでの、具体的な流れについて述べたいと思います。

　ケース検討会グループでは、メンバーは毎回ひとりずつ、順番に発表する機会をもちます。個人スーパーヴィジョンでは、ケースを提示する相手は、ひとりのスーパーヴァイザーになりますが、"ケース検討会グループ"では、複数いるメンバーおよびスーパーヴァイザーの前で話すことになります。発表者は、自分の提示したケースに対して、メンバーおよびスーパーヴァイザーからどのようなことを言われるだろうかと、最初はそれだけで、緊張を強いられる体験になるかもしれません。「自分の発表に対してどのようなことが言われるだろうか」という不安は、「それに対して自分はきちんと答えられるだろうか」「なにか自分は大きな間違いを犯していないだろうか」などと徐々に膨らみ、臨床歴が浅ければ浅いほど、不安の方が強くなっていくこともあるでしょう。

　不安感や緊張感を抱きながら、当日に備えてレジュメを作成する……。まだ初心の頃の私は、ケース検討会グループでの発表の前夜はよく眠れませんでした。不安を抱えながら過ごした深夜が、まるで昨日のことのように鮮明に思い出されます。発表するという体験自体が、先に述べたように、第三者に開かれるという意味で、患者と自分の関係性において重要であることは言うまでもありません。そしてさらに、このような発表前の自身の情緒体験自体から、ケースと自分の関係に気づいたり、あるいは自分自身の傾向に気づいたりすることもあるでしょう。

　さて、発表当日です。発表者はケースがおこなわれている臨床の場を説明していきます。昨今、私たち心理士の働く場は多岐にわたり、さまざまな職場環境のなかで、さまざまな条件のもとに臨床をおこなっています。参加しているメンバーは、自分が働いたことのない職場環境をもつケース検討会グループの発表者の体験を、発表を通じて直に聞くことができるわけです。

なかには、心理療法の構造がなかなか整えられていない環境での発表がなされることもあります。実際、そのような職場環境で働く心理士はむしろ多く、そうしたなかで発表者がどのような努力や工夫をして望んでいるのかを知ること自体、有益となるでしょう。こうした体験を、発表者の生の声を通じて感じ取ることができるのです。

実際、発表するメンバーの職場環境について、メンバーから具体的な質問が出ることがよくあります。どのような職場環境で、どのような職場の人間関係のなかにいて、どのような立場にいるのか、そしてそこで心理士として何が求められているのか、さらにどのような形態で心理療法をおこなっているのかなど、その心理療法の背景にあるさまざまな事情を知ることは、ケースを理解するうえでとても重要なことです。これらは無意識に、患者に大きな影響を及ぼすからです。これらがある程度、メンバーのなかにイメージされ共有された後、発表者はようやく具体的なケースの説明に入ります。

発表者はケースの家族歴・生育歴・主訴・来所経路などの概要から語っていきます。そして、心理療法が始まってから今回、提示する具体的なセッションまでの経過について話します。特に心理療法の長い経過の場合は、そのプロセスを話すことに困難を感じることもありますが、患者とのあいだで印象深かったエピソードや、それにともなう情緒体験、そしてそれらを通して患者と発表者のあいだで何が起こっていたのか、どのような転移が展開されているのか、それに対して発表者はどのように感じ、どのように考えたのかなどが、自由連想的に語られます。

それを聞いているメンバーは、発表者の語りを聞きながら、さまざまな連想に身を委ねます。具体的な連想だけでなく、時にその語りを聞きながら、じわりと暖かい気持ちになったり、またはもやもやしたりひっかかりを感じたり、時に苛立ちなどの強い情緒体験をすることもあるでしょう。そのような情緒体験をした場合、「それがいったいどこからきているのか」についても思いめぐらせます。ここで再び、メンバーからさまざまなコメントがなされます。発表を聞いていて、メンバーのこころのなかに生まれた連想やイメージなどが語られ、それを聞く発表者は、自分が気づかなかった視点を得

ることができます。

　私たちのケース検討会グループでは、発表者はここまでをレジュメなしで、口頭で語っていきます。もちろん、ケースの概要、そして心理療法の経過などについてきちんとしたレジュメを作成することは、情報を整理し共有するうえでは大切なことかもしれません。
　ですが、私たちがより大切にしていることは、ケース検討会グループの"いま、ここでの"体験です。もう少し具体的に言うと、自由連想的に語ることで、レジュメを作成することでは見られない、そこで、患者と発表者とのあいだで起きている真実がちらりと顔を見せたりするのです。それは例えば、発表者が発表中に「いま、ふと思い出した」というかたちで語られるかもしれませんし、逆に「重要なことなのにまったく失念していた」というかたちで後になってようやく語られることもあります。それ自体、たいへん興味深いことです。そしてそれは重要な何かを示している可能性があるのです。

　そしてこの後、いよいよ配られたレジュメを読んでいきます。このレジュメは、基本的には直近の一、二回のセッションの逐語記録で、本書には、"プロセスノート"として載せている部分です。プロセスノートには、患者が話したこと、および発表者が話したことを逐語的に書き記すことはもちろんですが、重要なのは、「発表者がそのとき、どのように感じていたのか」という"情緒体験"を書くことが求められます。私たちが、患者の情緒体験を大切にするということは、必然的に、発表者自身の情緒体験を大切にすることにつながります。そうした発表者の情緒体験の描写を通して、聞いているメンバーも、ケース検討会グループのなかでさまざまな情緒体験をもつことになるのです。
　たいていは、このプロセスノートが読まれた時点で、ある程度のケースのイメージが描けることが多いのですが、時に、なにかよくわからない感覚に陥ることもあります。この場合、「よくわからないという感覚自体が何を意味するのか」をさらに考えることは、何が患者と発表者の間で起きているのかを探る、きっかけとなることもあるのです。
　そして発表者が"プロセスノート"をたどった後、全体の"ディスカッション"に入ります。ここでは提示された具体的なプロセス

ノートの内容や、それを含みこんだ全体的なコメント、あるいは発表者の提示を聞いて、こころのなかに浮かんできたさまざまなイメージなどがメンバーおよびスーパーヴァイザーから自由に語られます。メンバーからのコメントに発表者が直接、答える時もあれば、メンバーからのコメントに刺激されて、別のメンバーが何かをコメントすることもよくあります。これが基本的なディスカッションのあり方ですが、興味深いことに、このディスカッションは提示されるケースによって、時にまったく違った様相を見せるのです。

　先にも触れましたが、例えばある回のディスカッションでは、ケースに対するさまざまな視点が持ち込まれ、豊かなディスカッションが展開されます。連想が連想を促し、発表者もそれを通して、新たな視点や理解をもつことが可能となります。しかし別の回のディスカッションではなぜか、メンバー同士の発言が、メンバーを代えて何度も重なったりし、また別の回では、これもなぜか、ディスカッションで何度も沈黙が訪れ、時に発表者は戸惑いを体験したりするのです。本書にも、このようなディスカッションを詳細に載せています。そしてこの特徴的なケース検討会グループの状況については、後に発表者（およびスーパーヴァイザー）によってそれぞれ深く考察されています。

　"ケース検討会グループ"では、毎回、同じメンバーが参加しているにもかかわらず、このような興味深い現象が起きるのです。しかも、その発表者が別のケースを発表した際に、毎回、同じ状況になるかと言えば、決してそうではありません。患者のあり方、そして患者と発表者の関係性、その他のさまざまな状況が、ケース検討会グループのなかに、特にディスカッションのなかに、具現化、体現化されるのです。そして大切なことは、そうした状況を通じて私たちは「いまここで何が起きているのか」を感じ、考えることでしょう。そしてこれらは、その場ですべてわかるというわけではなく、後になって、時にずっと後になってようやく、それが何を意味していたのかわかることもあるかもしれません。これは心理療法でも同様でしょう。

## 🌿 本書におけるケース提示の構成

　本書では、具体的なケースおよびディスカッションを7ケース分、載せています。それぞれのケースにおける構成について、若干の説明をしたいと思います。

　まずは、"ケースの概要"です。
　提示されるケースがどのような現場で、どのような状況のもとで心理療法がおこなわれているのか、そして具体的にそのケースがどのようなケースなのか、家族歴や生育歴などの基本的な情報が書かれています。
　そしてその後に続くのが、実際に心理療法が始まってから、患者と発表者の間でどのような展開が起きたのかというプロセスです。先に述べたように、患者との間で印象深かったエピソードや、それにともなう情緒体験、そしてそれらを通して患者と発表者の間で何が起こっていたのか、どのような転移が展開されているのかが書かれています。
　ここまでは、実際のグループで発表者によって口頭で述べられた部分です。ここで私たちは、そのケースに関するおおよそのイメージを抱くことができるでしょう。そしてそのイメージを抱きながら、次の具体的な"プロセスノート"に入ります。

　一、二セッション分の"プロセスノート"は、実際にケース検討会グループで配られ、そして発表者が読んだレジュメです。
　患者が何をどのように語り、それに対して発表者がどのように感じ、そしてどのように介入したのか、そうしたやりとりが具体的に詳細に書かれています。発表者のその時々の情緒を含めて書かれているため、読者の方は、発表者に自身を重ね合わせながら読むことができるでしょう。そして、このプロセスノートには、患者が実際、どのような人なのか、その本質的な部分があらわれていることが多く、患者と発表者との具体的なやりとりやそこで起きていることを知ることにより、私たちの患者に関するイメージはさらに膨らんでいきます。

そして、その後に続くのが、ケース検討会グループではクライマックスにあたる、"ディスカッション"です。
　ここでは発表者、メンバー、そしてスーパーヴァイザーの当日のコメントが再現されています。読者の方々は、ディスカッションを読みながら、その場の雰囲気や、例えば発表者の迷いや戸惑いなども、手に取るように感じ取ることができるでしょう。自分がこのディスカッションの場に参加していたら、どのように感じ、どのようにコメントするだろうかなどと想像しながら読まれるのも面白いかもしれません。
　このディスカッション部分では、先に述べたような、ケースの特徴やケースと発表者の関係性などさまざまな特徴が、具現化、体現化されていることも多く、非常に興味深い部分です。

　そして、本書では"ディスカッション"の後に、"発表者の感想"という項目を設けました。
　これは、当日のケース検討会グループから少し時間を経て、タイトルどおり、発表者によって書かれた感想です。改めてケースの概要、プロセスノート、そしてディスカッションをたどり、発表者がその時の自身を振り返りながら、「ケース検討会グループで何を体験したのか」、「それはどのような情緒体験だったのか」、そして「そこから何を理解として得たのか」などが、率直に真摯に語られています。それぞれ、"発表者の感想"だけでひとつの論文になるほど、深く考察されています。

　そして最後に、"スーパーヴァイザーのコメント"として、そのケース検討会グループに参加した2名のスーパーヴァイザーのうちの1名が、コメントを書いています。
　スーパーヴァイザー自身が当日を振り返りながら感じたこと、また"発表者の感想"を読んで連想されたこと、さらに、それらを通して改めて得た理解などが自由に書かれています。できるだけ、読者の方々の、それぞれの現場に役立つように意識して書いています。
　ただ、"スーパーヴァイザーのコメント"のケースに関する理解については、これはよく言われることですが、"後出しジャンケン"、

つまり、"後知恵"でもあるということを念頭に置いていただければと思います。そしてこれらの理解は、絶対的なものではなく、あくまでも、あるひとつの"解釈"として読んでいただければ幸いです。

　〈はじめに〉のところで、「私が考えるケース検討会グループについて、少しだけ、お付き合いいただければ……」と言いながら、ずいぶん長くなってしまいました。書き始めると、次から次へと"ケース検討会グループ"への思いや考えが出てきてしまったためです。それだけ、ケース検討会グループに魅力があるということなのかもしれません。

　さて、お待たせしました。具体的な"ケース検討会グループ"に入りましょう。

## ケースの概要

　私立中学二年生の女子。「過食」を主訴として、二年生の冬に母親に連れられて私の勤務する民間の相談機関に来所した。
　彼女はややふくよかな体つきで可愛らしい顔立ちだった。クラスの女子に体型について指摘されたことをきっかけに、二年生の夏よりダイエットを始めたが、長くは続かず過食へと転じた。またダイエットを始めた頃から胃腸に不調をきたした。この頃から学校は休み始め、完全に不登校となった。

　初回のインテーク面接に、彼女は母親とともに来所した。面接の前半は、母親同席で現状と生育歴について確認し、後半は彼女のみで面接をおこなった。母親は50代前半で、上品な装いに身を包み穏やかな様子であった。しかし私が彼女の幼少期について聞いても、年の離れた姉2人と比べると記憶は曖昧で、ふわりとした母親の雰囲気は、どこか「彼女に対してもふわりと表面的にしか関わっていないのではないか」という想像が生まれた。父親は彼女が小学校三年生のときに単身で海外へ渡っていた。一番上の姉は20代半ばですでに結婚しており、二番目の姉は大学生で地方に住んでいた。母親は彼女が不登校になったため、休職していた。
　中学校では、小学校から続けていた運動部に入部したが、しばらくすると顧問からポジションを変わるよう言われ、一生懸命練習したが、新しいポジションでうまく活躍できなかった。彼女は次第に練習に身が入らなくなり、クラスでも恋愛話やテレビの話題ばかりの女子たちの会話に苛立つことが増えていった。
　過食の頻度は多くないものの、時に嘔吐もあった。彼女は母親について、自分の気持ちを受けとめ見守ってくれる存在として語り、父親について、優しいとだけ語った。
　彼女は言語表現力が豊かであり、自身について客観的に考え、知的に高い印象を受けた。初回のインテーク面接の様子から、私は彼

女には面接のモチベーションがあり、内省力があるように感じられ、その後のアセスメント面接を3回、設定した。インテーク面接の最後に母親も同席し、今後の面接ついて確認した。
　彼女はアセスメント面接1回目のときは来院したが、アセスメント面接2回目は当日キャンセルし、代わりに母親が来所した。母親は、彼女が安定した関係のなかで自分の気持ちを話せる場が必要だろうと理解を示し、また母親としてどう関わればよいか考える様子を見せた。その態度に、子どもに向き合おうとする母親を感じた。その後のアセスメント面接3回目に彼女は来院し、前回のキャンセルについて、ここに2回（インテーク面接とアセスメント面接1回目）来たが、不登校が改善しないことに焦りを感じたと話した。そして、面接の継続に意味があるのかと聞いた。私が周囲や自身への攻撃性が過食につながっていること、自身に対する過剰な要求について考えていくことの必要性を伝えると、継続を希望した。以後、面接は週一回50分、自費でおこなわれた。

　面接が始まると、彼女は過食について語ることが減り、不登校をめぐる思いを言葉にし始めた。また勉強ができないことへの焦りがあり、学校に行きたい気持ちがあるが、学校に行っても居場所がないことを繰り返し語った。居場所がないことについては、クラスに気を許せる友達がいないと話した。どこか人を馬鹿にして見ている自分に嫌気がさしているようだった。学校に来ない彼女を心配する先生たちの期待や、親の期待に応えられないことに、彼女は何度も「申し訳ない」と口にした。
　私は「彼女が『私の期待には応えられない』と感じているようだ」、「『早く治療効果を出してほしい』という期待に私が応えないことに嫌気がさしているようだ」などと伝えたが、彼女はその度に、苦虫を嚙み潰したような顔をしたり、少し首を傾げるように反応した。私は何か間違ったことを言葉にしてしまったような気持ちになり、次第に解釈を控えるようになっていった。
　アセスメント面接の2回目の当日キャンセルや、面接への抵抗のなかで、私は半ば強引に彼女を継続面接に引き入れてしまったように感じていた。
　彼女は自身を客観的に振り返る力があり、言葉の表現も豊かであ

ったが、私は彼女の苦しみや悲しみや怒りの情緒を十分に味わうことができなかった。何か本質的なものを理解できない感覚が私のなかに募っていった。私が咀嚼できていないであろう彼女の気持ちについて考えてみたいと思い、今回、提示することにした。

## プロセスノート

#7 彼女はいつもより早く、面接開始5分前に来院する。

　彼女は、学校に行きたい気持ちが出てきたので学校に行こうとしたのだけれど、行けなかったと話した。彼女はそれまでしばらく登校を渋っていたので、私が気持ちの変化について聞くと、『いままでの自分じゃなくてもいいのかなって思えるようになった』と答えた。『これまで「自分がこうじゃなきゃ」っていう理想があって。勉強とかも、ついていけないとダメだって思っていた。でもお母さんが、「そんなに頑張んなくてもいいのよ、焦らなくてもいいのよ」って言ってくれて、そうなのかなって』と彼女は話した。私はこれまでに理想を掲げて苦しむ彼女がいるのだろうと伝え続けてきた私に、彼女が話を合わせようとしているように感じられた。

　それから彼女は、先日、彼女が唯一気を許せる同じ年のいとこと会ったことを話した。『こんな状況では、その子に嫌われるんじゃないかと思ってたけど、自分が思っていることを全部話せた。その子はすごく心配してくれてて、いまの私のことをよくわかってくれて。そんな完璧じゃなくていいんだって思った』と高揚した様子だった。私は「これまでの焦りや不安から離れようとしているのだろうか」と考えながらも、そのような理解者がいてくれたことについて〈よかったですね〉とか〈嬉しかったのですね〉と安心する彼女の気持ちを伝え返した。

　しかし、『いざ学校に行くとなると結局、尻ごみしてしまう』と彼女は言った。それは、気を許せる友だちがいないこと、周りの人が自分をどう見るか気になってしまうからだと説明した。『学校に行けたとしても、みんな優しい子だから心配はしてくれる。けど、それは気を遣った優しさ』と語った。そして、『いまさらクラスに行っても、邪魔だと思われる』『学校で何をしていればいいかわからない』と、居心地の悪さも感じているようだった。一方で、気を許せる友たちに、別れ際「学校に行くね」と約束しておきな

がら、結局行けていないことも気にしていた。
　私は〈「理想どおりにならない自分でもいいんだ」と思える気持ちが出てきたけど、一方で、「約束したからには行くかなくちゃ」とか「やっぱりこうするべき」という気持ちも出てくるみたい〉と伝えた。『それはお母さんにもよく言われていて、自分のそういう傾向がわかってきた』と答えた。さらに『家にいると、学校にいるときみたいに元気なんです』と家での様子について話した。『お母さんから「もう学校行けるんじゃないの!?」って言われる。近所の人に会うことも嫌。何か嘘ついてるみたいで。体の病気だったらわかりやすいけど』と話す彼女に、〈見た目で具合が悪いのがわからないから、何だかズルしてるように見えるのではと思ってしまう。でも、学校に行けないあなたも確かにいて、その「本当は具合が良くない」あなたをお母さんはわかっていないと思うのでは〉と伝えると、うなずき、『お母さんは私のことをわかってくれていると思うけど、ときどき、ズレる』とつぶやいた。
　『お母さんは私が「ただ学校に行けない期間が長いから行けなくなってる」って思ってる。だから、行けると思ったときに行ったら、行けるんじゃないかと思って、「今日、学校行ったら?」って言ってくる。いとこと会ったときに、その子は「学校にはそのときの気分で、行きたければ行けばいいし、行きたくなければいかなくていい」って言ってくれた。あぁそれでいいんだって肩の荷が下りたっていうか。安心した。その子と会えてよかったなって思えた』と話した。

## ディスカッション

**スーパーヴァイザー** では、みなさんいかがでしょうか。

**メンバー** アセスメント面接2回目に、彼女がキャンセルしたから母親と面接したとあるけれど、この経緯は？ アセスメント面接3回目はどのように設定したのでしょう。

**発表者** アセスメント面接2回目のときは、母親が彼女に、「あなたが行かないなら私が行ってくるわよ」って言って来たと言っていました。インテーク面接の時点で、今後、アセスメント面接は3回おこなうと伝えていたので、3回目は彼女との面接の最後に母親も同席してもらって、今後の面接について話しました。

**メンバー** アセスメント面接3回目に、母親が彼女を引っ張ってきた可能性があるようですね。母親と話したとあるけれど、彼女には3回目に治療者が母親と話すと伝えていたのでしょうか。

**発表者** 彼女に対して明確には伝えていませんでした。

**メンバー** 母親が面接に来るかどうかわかってなかったということ。

**メンバー** どちらかというと、彼女が母親を動かしているように感じました。母親が仕事を休んだり、面接も母親が行くとは言ってるけど、彼女がそのように母親を動かしているような。

**メンバー** 私は逆に、母親がコントロールしているのかもしれないと思いました。でも確かに、彼女が母親に、「あの子は面接に通う必要があります」と言わせたい気持ちもあるようにも感じます。母親が治療者と会って、面接を一回、母親に託すことで、彼女としては少しホッとしたところもあったのかも。あと、母親が治療に拒否的だったら、彼女に「別に行かなくてもいいわよ」となるかもしれない。発表者が母親にわりとよい印象をもったのだとしたら、母親も発表者によい印象をもったのでしょうね。

**発表者** これまでの経過については、小学校は部活一本で頑張っていて、部活仲間とのあいだでは素を出せて付き合えていたようです。不適応は特になく、「何かに頑張れている自分が好きだった」と話していました。中学校に上がったら一気に自分が嫌になった。

**メンバー** それまでは真面目にやりたいことを一生懸命やってたけど、両親の別居がきっかけなのか、中学校に入ってから"こんなはずで

はなかったのに"という気持ちが一気に出てきたのか。

**メンバー**　姉二人が自由にやっているのに、自分は？と不自由さを感じていたように思います。

**スーパーヴァイザー**　"頑張っている自分が好き"。思春期はもう少しぐちゃぐちゃしていて、自己嫌悪とか羞恥心を抱く方がむしろ普通なのかもしれません。本当はもっと以前から不安があって、防衛がかなり前から動いているのかもしれないですね。

**発表者**　"頑張っている自分が好き"というのは、"周りが思っている自分になれているのがよい"ということだと思います。"周りが望んでいる自分になれている自分が好き"という感じ。

**メンバー**　周りが自分の求めているレベルではないとか、批判的というか見下しているようにも。この関係性は、アセスメント２回目で休んだことにすでに表れているように感じます。「２回、面接を受けたけど治らないじゃないか、大したことないな」と。

**発表者**　このときはそのように感じていませんでしたが、言われてみると確かにそうだと思います。見下す自分がいると彼女は気づいていたけれど、見下してる自分が嫌だ言うことで、それを覆い隠すような。自分を責めることで自分を守っているのかもしれません。ただアセスメント面接２回目で彼女が休んだとき、苛立ちはありませんでした。自分がうまく立ち回れなかったなと感じていました。インテーク面接のときに、彼女はこれから面接をするなら、「母親は同席せず一対一で面接したい」と言っていたのです。でも、インテーク面接の最後に母親が同席したときは、母親は「この子とどう関わっていけばいいかを知りたいから、私も一緒に面接したい」と言ってきました。私としてはその母親の気持ちもわかるので、うまく交通整理できなかったという思いがあります。母親には、別の担当者と話すことを提案しましたが、私が、彼女と一対一で面接しますとはっきり伝えられませんでした。彼女は、私がうまく振る舞えなかったことに怒っているだろうとも感じました。

**メンバー**　アセスメント面接１回目に彼女がひとりで面接に来たときは、インテーク面接のときの治療者のいまの言葉について、彼女は何か言っていたのでしょうか。

**発表者**　「インテーク面接のとき、お母さんには面接に入ってほしくないって言ってたよね。お母さんは、最初『好きなように』って言

っていたのに、最後は『面接に入りたい』って言ってきて、私はどうしたらよいか迷ってしまいました」と曖昧に伝えてしまいました。私が「前回、私が話したこと、あなたはどう感じた？」と聞いたら、彼女は、「うーん」といった表情をしていました。

**メンバー**　（他のメンバーと発言が重なる。これまでのディスカッションでも他のメンバー同士の発言が何度か重なっていた）今日はよく発言が被りますね。発表者はきちんと交通整理ができなかったわけではないように思います。アセスメント面接2回目で母親に、「お母さんは別の担当者と会って下さい」と伝えていますよね。

**発表者**　そうですね。私が、「私は彼女と安定して面接を続けていきます。お母さんはそれをサポートして下さいね」と伝えて、母親も「バックアップしていきます」と言っていました。

**メンバー**　インテーク面接の時点では、発表者のなかでうまく整理できないまま終わってしまった感じがあるということですね。

**メンバー**　（再び他のメンバーと発言が重なる）中学生であればスクールカウンセラーのところに行くこともできると思いますが、なぜ最初から民間の相談機関なのでしょう。また、彼女がこころのなかの違和感を抱いたときに、母親にどう伝えたのか気になります。

**発表者**　本人が母親にどう伝えたかはわからないですね。母親の認識としては、拒食に関してはやせ過ぎると心配だとは話していましたが、拒食のときにはどこにも連れていってはいません。過食は関しては、この時期にはよくあることだろうなどと、あまり問題ではないような感じで母親は話していました。

**メンバー**　自分の作ったものを食べてくれないのは心配になると思います。かといって食べ過ぎるのも心配。あまりそういったことを親子間で話さずに相談機関に来ている感じでしょうか。

**発表者**　確かにそれはあったと思います。

**スーパーヴァイザー**　これくらいの年齢のケースについては、最初は彼女本人と会って、いまどういう状況かを聞いたり、母親とここに来るまでにどういう話をしたかを聞いたりした後、本人の了解をとったうえで母親と会った方がいいでしょう。そして最後に、二人同席で時間を作る。基本的にこの流れがいいように思います。では次の#8に入りましょう。

## プロセスノート

#8 彼女にしては珍しく、5分遅れて来所。『今週の月曜、火曜と学校に行って、火曜は帰ってからまた食べ過ぎちゃった。水曜からは行ってない。月曜の前日にお母さんに励ましてもらって、いとこも週末に連絡をとったから、月曜の朝は抵抗なく行けた』とさらりと近況を報告した。

　私は、彼女が学校に行ったのは驚きであり、よかったと感じたが、食べ過ぎたとの報告は気がかりだった。彼女はさらに、母親には授業についていけず辛い気持ちを聞いてもらった。その際、彼女の方から母親に『「学校に行って欲しい」って言って』と頼んだ。母親は自分が学校に行ったら喜ぶと思うし、自分が迷惑をかけているという気持ちがあるからそう言った。仲のいい友達との約束もあったから、約束を破ってしまうことへの引け目もあった、とのことだった。

　実際に学校に行ってみると、自分が思っていたように周りから冷ややかな目で見られることはなかった。先生たちも自分の状況をわかってくれていて、待っているという体制を整えていてくれた。

　彼女の話は、中身だけ見ればポジティブなもののようではあったが、実際の口ぶりや表情はそうではなかった。私が〈自分が思ったほど辛いものではなかったし、学校に行けたことはよかったと感じたと思う。でもやっぱり学校に行ったことは大変だったのでは〉と伝えると、彼女は『食べ過ぎたのは、やっぱりストレスがあったのかも』と答えた。私は食べ過ぎてしまうときの気持ちについて聞いてみた。

　彼女は『そのときは無心で食べている。食べ過ぎるときはいつもそうだけど、自分を苦しめたいという気持ちがある。いままで勉強は結構できてたけど、いまは先生に「大丈夫?」って心配される。学校にいるとダメな自分を見ることになる』と語った。私は〈先生から心配されると「こんな自分はダメだ」という思いが

出てくるのかもしれない。一方で、心配されるとイラッとする気持ちもある〉と伝えた。しかし彼女は『先生の優しさは伝わってくる。自分に対してイライラして食べる』と、怒りの気持ち自体は認めるものの、それは自分に向かうものと捉えているようだった。

　彼女は『学校に行くと充実した時間が過ごせるから行きたい』と語ったが、『お母さんは自分が学校に行っていた方が喜ぶと思うから、いまの状態は申し訳ない』『期待を裏切ることになる』と常に母親を気にしているようだった。私が〈無理をして合わせようとしているよう〉と伝えると、『意識しないところでも行きたくない気持ちがあるのかもしれない』と答え、過食という行動を通じて身体が伝えてくる「学校に行きたくない」気持ちに彼女は気づいているようだった。私が〈あなたのこころや体が感じている気持ちに気づいているよう〉と伝えたが、彼女はうなずいただけだった。さらに私が〈一方で「行きたい」気持ちもあるし、「行かなくてはいけない」という気持ちもある〉と伝えた。すると彼女は、職場に復帰することになった母親について、『仕事に復帰してからも私が家にいると、「私のことばかり心配して仕事に手がつかなくなると思う」と言われた。お母さんは、もともと心配しすぎる人。お母さんは私に学校に行ってほしいと思っていると思う。』と話した。

## ディスカッション

**スーパーヴァイザー** みなさんいかがでしょうか。

**発表者** やっぱり、彼女の根の部分にある苦しみのようなものを咀嚼できていない感じがあります。怒りでしょうか。

**メンバー** "身体が伝えてくる気持ち"とはどういう意味でしょう。

**発表者** 彼女が言っていたのは、身体の方からも学校に行けなくさせている状態があると。意識しないところで感じている学校に対する拒絶について、私が"身体の気持ち"と伝えました。

**メンバー** "身体の気持ち"という表現から、身体とこころが分離しているように聞こえました。無心で食べているときは解離しているように想像します。

**発表者** 食べているときは無心とは言いますが、"苦しめ"という気持ちで食べていると思います。学校に行くと周りから心配されたり、惨めな自分、自分で受け入れられない自分が出てきたりして。"そういう自分はダメだ"と苦しめるために食べているような。

**メンバー** 食べ過ぎて学校に行けなくなったら、みんなに心配されて。そうするとダメな奴だと思ってまた苦しめるために食べる。

**発表者** 今回は、食べ過ぎて苦しくなって学校に行けなくなったけれど、嫌なテストを受けられずに済んだと話していて。食べ過ぎて後悔、というほどではないですね。

**メンバー** 自分を苦しめるということについて、"苦しめて満足感を得る"という、過食を維持させる何かがあるようです。過食してどのような気分になるのか、それを通してどのようになれる感じがあるのでしょうか。

**メンバー** （メンバーふたりが同時に発言する）人から蔑まれて低く見られてしまうくらいなら、自分から低く見てしまえという部分があるのかなと思いました。いまの状態だと人からそう価値づけられる。だったら自分からあえて低く見せるという。「母親は無理に学校に行かなくていいよ」と言うけど、「本当は行ってほしいって思ってるんでしょ、ちゃんと言ってよ」という思いがあるようです。

**スーパーヴァイザー** 彼女が面接でいろいろと話していること自体は大事だけれど、まずは「胃痛」が治らないと、と思いますね。肝心な

ことは話せていないようです。例えば、2回（インテーク面接とアセスメント面接の2回目）ここに来てもすぐに治らなかったという彼女の言及については、その後、話されていないようですね。学校の話は面接の話でもあると思います。行こうという気持ちはあるけど行きたくない。心配されるのは嫌だし待たれるのもプレッシャーで嫌。面接に行くと、先生が心配していて、よくしようといろいろやってくれるのだけどそういうのも嫌。彼女は一番言いたいことは言えていないのかもしれません。こちらもいまひとつ、彼女と触れ合えない感じがする。

**発表者**　触れ合えている感じはしませんね。彼女の話を咀嚼できているのだろうかという疑問につながります。

**メンバー**　発表者は、彼女は周りに気を遣うような、か弱さや可哀そうな感じはするのでしょうか。私は聞いていて、あまりそういう感じはしませんでした。

**発表者**　見た目はか弱くはないですね。こちらが支えなきゃ、抱えなきゃという感じはそれほどありません。

**スーパーヴァイザー**　ナルシシスティックというほど、まとまりがあるかはわかりませんが、自分の思う通りにしたい気持ちが強くあるのかもしれません。それが背景にあって人に合わせたり我慢したりしているようです。思い通りにならないと具合が悪くなるし、思い通りにするために引きこもるような。

**スーパーヴァイザー**　母親を一人占めしたいし、先生を一人占めしたい気持ちはあるのでしょう。自分に関心を向けてもらいたい気持ち。姉たちや仕事に気を逸らす母親に対して、"ちゃんと私を見て"という思いがあるようです。ただそれは、「積極的にお願いします」というかたちではなく、病気になるとか罪悪感を強調することでその思いを伝えているのでしょうね。

**スーパーヴァイザー**　幼少期に彼女は関心を向けてもらえなかった背景がありますね。彼女と発表者とのあいだにそのようなものはあったのでしょうか。

**発表者**　幼少期の体験と結びつけることはしていません。頭にはありましたが、そこを結びつけて伝えるという発想はありませんでした。彼女の現実場面で体験していることと面接で起こっていることを結びつけて伝えると、「わからない」といった反応をよくしていまし

た。私の伝え方がうまくなかったのかもしれないですが、受け入れられないなという感じでした。

**スーパーヴァイザー** いま起きていることとしては、それが一番リアルなのでしょうね。彼女が何を思っているのかがわからない。発表者のなかでも何となくスルーされた感じがある。ここが、本音の部分が一番出ているところではないでしょうか。その「う〜ん」となっているところに触れてみたい気がしますね。

**メンバー** "なんだか違うかもしれない"というところに触れるのが、彼女とのやり取りでは大事なのかもしれないなと思いました。「無理をして相手に合わせるあなたがいるのでは」と発表者が言ったことに対しても、結局、スルーされてしまう。さっきスーパーヴァイザーが言っていた、"関心を向けられていない"という思いは、本当にそうなのだろうと感じました。#7の面接でも、「学校にいても邪魔」、「家にいてもお母さんにとっては邪魔」と言っていますね。面接では「頑張って学校に行けました」という表面的な話と、一方で、「悪い部分も先生にみてもらいたい」という気持ちがあるようです。この面接が、学校に行ったか行かないだけで動いていくと、あまり深まらないように思います。

**メンバー** （再び他のメンバーと発言が重なる）私も似たような考えが浮かびました。「自分を苦しめている」というのも、本当はそこに触れてほしいけれど、言えることしか言っていないという、その構造事態が自分を苦しめているようです。彼女も発表者に自分の苦しさが伝わっていないと感じていて、"どうせ伝わらない、イライラする"、と伝えているような気がします。私だったら、「無理して相手に合わせようとするあなたがいる。ここでも私に合わせようとしているのかな」と伝えたくなりました。

**メンバー** 二人が共有しやすい事実、例えば遅刻などを俎上に上げる方が、入りやすいかなと思いました。面接への苛立ちが出ていますよね。大幅な遅刻ではないところが彼女らしいけれど。

**発表者** 私に対する怒りはあると思いますが、うまく触れられない感じがしていました。

**メンバー** （数人のメンバーの発言が重なる）今日は発言が本当によく重なりますね。少しずつ伝えていけるといいのかなと思います。リアリティのあるものとして伝えると、「また苦しめてしまった」と発表者

が罪悪感を抱いたり、彼女の抵抗を強めたりしてしまうかもしれないですね。彼女にとっては、ある程度の距離を保ちながら少しずつ進んでいく。面接が始まって学校にも行けるようになっているし、少しずつやっていくしかないのかなと思います。

**メンバー**　私は逆で、彼女はいかに自分が表面を作っているかということをそれなりに自覚しているのではないかと感じました。自分が家にいても学校にいても邪魔もの扱いされていることは、幼少期の体験につながっているし、それほど意識の上で遠いことではないのかなと思います。「お母さんはズレる」という話も、「あなたのなかにはとても重いものがあるけれど、お母さんはそれを見ようとしないことを、これまでずっと感じてきたよう」などと、時間軸を入れる介入をしてみても。

**発表者**　実際、それは伝えました。彼女は、「それはありました」と反応していました。

**スーパーヴァイザー**　彼女の過剰適応はなかなか手放せないのではないかと思います。アグレッションも強いけれど、それもなかなか出せない。さきほど、胃痛を治した方がいいと言いましたが、そう簡単に治るものではないし、こうなるしかないのかもしれません。関心向けてもらえなかったし、一人で頑張るしかなかったし、周りに合わせるしかないわけですよね、家族のなかでも。自分でも嫌になってしまうけど合わせるしかないということに触れていかないと、「あなたは、本当は怒っているのですね」と言ってもどうにもならないように思います。今回、何度かメンバーの発言が重なりましたが、これは彼女自身の世界でもあって、同時にいろいろな思いが出てくるのでしょう。矛盾する思いがたくさん出てきて、私たちもそうでしたが、発言が被ったら、片方か両方かが黙らなければいけない。彼女はそうやって片方か両方かの思いを、黙って、合わせてきているようです。いろいろな思いがあって、それを一体何だろうって考えてくれる人がいないのだと思います。その一つひとつを丁寧に拾っていって、「あなたはそうするしかなかったんだね」、「本当はわかってもらいたかっただろうね」と。

**発表者**　その寂しさという情緒は、いま初めて、伝わってきました。気持ちを伴うものとして、手放さないでいられなかった悲しさが伝わってきたような気がします。

**スーパーヴァイザー** 実際、こういう時期に母親が仕事に復帰していますね。最後の回の、母親が仕事に復帰して彼女が学校に行けなかったら、「仕事していても気が気じゃない」というのは彼女の想像ではなく、実際に母親が言ったことですよね。それはどのように感じましたか。

**発表者** それはキツいよなって。

**スーパーヴァイザー** 「じゃあ仕事復帰しないでよ」と思うでしょうね。実際、経済的な事情があるのかもしれないけど、彼女と母親の問題がここに象徴してあらわれているようです。母親からこのように言われても、彼女は母親のことを庇うわけですね。

**スーパーヴァイザー** 母親にこう言われたら黙るしかないですよね。彼女が自分の思うように、大切な人を好きなだけ占有するということは今までなかったのだろうし、それはとても悲しいことですね。苦しかったり腹立たしかったりするのでしょう。「部活でポジションが変わった」というのも、その辺が大きく関わっているようです。結局、相手に譲らなくてはいけないとか、結局、合わせなくてはいけない、そうして周りに合わせていたのに、周りの人たちは頑張っていないなどと言うわけですよね。訴えとしては、ナルシシスティックなのかもしれないけれど、でもそのときの彼女としては「だって私は我慢したのに」という思いが強くありますね。そこは大切に聞いてみたいと思います。

**発表者** その辺が一番、リアルな彼女の気持ちなのだろうと思いました。面接のなかでは、そこがなかなか感じ取れなかったのですが、いまこうして聞いてみると、そうなのだろうと思いました。

**スーパーヴァイザー** では今日はここまでにしましょう。

## 発表者の感想

　インテーク面接のときは、彼女には面接へのモチベーションがあると感じていたが、アセスメント面接になるとキャンセルをしたり、面接への不満も語られたりするようになったことから、背後にはさまざまな気持ちがあったのだろうと思った。半ば強引なかたちで面接の継続を勧めてしまったように思う。その理由として、私が継続的な面接をおこないたいという個人的な願望も大きかっただろうが、面接が切れてしまうと、彼女が一人きりになってしまうのではないかと過剰に恐れたためでもあった。現実的に考えれば、家には家族もおり彼女が孤立することないはずだったが、彼女が一人きりになることは絶望的なもののように思えた。
　その後の面接のなかで、彼女は初めて父親について語り出した。それは、彼女と父親、二人の姉と母親、という分離された世界のなかでの語りだった。そして、彼女に目を向けていた父親も、結局は単身赴任というかたちで彼女を離れていった。彼女は誰からも排除されていたし、求めても孤立が生まれる世界のなかで生きてきたようだった。私は、彼女の憎しみや、その深くにある悲しみを頭では考えることができたが、彼女と空間を共有しているあいだは、彼女の体験から疎隔されたままだった。
　グループのなかでは、話に誰かが割って入ってくるという現象が非常によく起こった。それは、彼女のなかの交錯しぶつかり合う思いの体現であることが一つの解釈として意味づけられた。一方でそれは、彼女の世界のなかで度々表れる"侵入者"としての意味合いもあるのではないかという考えも浮かんだ。私と彼女との面接のなかでは、母親という存在が"侵入者"であったし、彼女と母親という関係においては、おそらくは私が"侵入者"だった。彼女は私との面接を求めながら、本当は同時に排除したかったのかもしれない。彼女の世界のなかでは、常

に誰かが"侵入者"で、彼女は排除されていた。彼女は小さい頃から、この"侵入者"に脅かされるという体験が続いていたのだろう。彼女と母親とのあいだには、二人の姉が"侵入者"として立ちあらわれていた。母親を一人占めできない苦しみがここにあったと思われる。

　そして彼女のなかでは、誰かが"侵入者"であると同時に、自分自身も"侵入者"だった。クラスの秩序に立ち入る彼女や、部活というグループのなかで場違いな自分は、いてはならない存在だと感じられていたのだろう。彼女には、母親―姉二人というユニットから排除されながら、母親から父親を奪いとる"侵入者"としての自分、という空想もあったかもしれない。彼女にこの、母親を排除してしまっているという感覚がどこかにあったのだとするなら、面接を始めるときに私が感じていた、"私のせいで彼女を孤立させてしまうのではないか"という不安や罪悪感は、彼女から投げ込まれたものであった可能性も浮かぶ。彼女が安心して対象を求めることができない背後には、排除されているという感覚の他に、そもそも求めてはならないという規制が働いていたのかもしれない。

　こうして人とのあいだのなかで彼女のなかに交錯して溜まっていく思いや空想は、彼女は食べ物によって攻撃し、ないものとしなければならなかったのだろう。時にそれは、飲みこんでも消化されない思いとして嘔吐し吐き出される必要もあった。彼女には、一度は飲みこまなければならないことがたくさんあったはずである。そうやって、飲み込みたくない思いでも、歯を食いしばって胃に押し込んでいたのかもしれない。そこに彼女の強烈な苦痛があったようにも思える。グループのディスカッションのなかで、周りに合わせるために自分を押し殺してきたこと、つまり、「だって私は我慢したのに」という言葉の響きは、私には苦しさ以上に悲しみとして、リアルな彼女の思いとしてようやく味わうことができた。

　私が投げ込んだ言葉を飲み込まない彼女は、それによって私に彼女の苦痛を伝えていたのだろう。あるいは私の思う通りにはなるまいとする必死の抵抗であったかもしれない。彼女は、

最初は面接にモチベーションがあるかのようにもみえたし、ある程度は彼女のなかにある本当の気持ちを話しているように思えた。しかし私のなかには、咀嚼できない感覚がだんだんと募っていった。私は、彼女が本当は何を考え感じているかがわからなくなっていった。その見かけは良くしていても、腹の底にあるものを見せない彼女の態度は、一見、会社を休んでまで本当に彼女を心配しているようで、学校に行ければそれでよしとしてしまうような、母親の表面的な振る舞いと同じものになっているかのようだった。彼女が表面的になっていくことで、私も彼女の真実には近づけなくなった。二人のあいだは、何もわかることのできないまま苛立ちだけが募っていく関係になりつつあった。彼女を表面的にしか心配せず、彼女を思い通りにしようとすることで、彼女の腹の底にある"本当"とは"ズレル"母親に、いつのまにか私もなっていたのだろう。彼女には、私から与えられるものを簡単に飲み込むわけにはいかない理由もあったのかもしれない。

　求めながらも求められない、理解されたいけれどわかられたくない、そういった多くの矛盾する思いが、彼女のなかでは胃に溜まっていく食べ物のように蓄積されていたのではないかと思う。私がこの一つひとつの溜まっていく思いを、彼女がきちんと栄養として享受できるかたちに咀嚼できたときに初めて、母親として彼女を腕に抱えることができるのだと思う。

## スーパーヴァイザーのコメント

　今回のような思春期のケースの場合、ディスカッションでも多くの時間が割かれているが、インテーク面接およびアセスメント面接について、さまざまな配慮が必要となる。なぜなら相談機関に来所したその時点ですでに、例えば患者の親に対する依存や反発、そして親の罪悪感やアンビバレンスなど、親と子のあいだにはさまざまな情緒が複雑にうごめいている可能性があるからである。
　私たちがこのようなケースに出会うとき、患者本人の気持ちを大切にしながら、親との関係もある程度、良好なものに保つことを心掛けたいと思う。本人の気持ちを大切にし過ぎるあまり、親から反発を招くようであれば（あるいはその逆もそうだが）、その後の面接の継続は、当然、厳しいものとなる。

　具体的に治療面接に入るまでの流れを考えてみたい。
　インテーク面接が始まる前に本人と親に対して、まずは本人と話がしたいこと、その後、親との時間をとり、最後にふたり同席で時間をとることを伝える。本人と親それぞれの面接を通して、主訴、来所経路などの基本的な事柄はもちろんのこと、誰により強く面接へのモチベーションがあるのかを見定め（両者に限らず、例えば教師であることもある）、本人と親の共通の認識がどのくらいあるのか、違いがあるとしたらどの点なのかを明確にしておきたい。その後、アセスメント面接を数回設定し、最後のアセスメント面接の際に今後について同席でふたりに確認をする。もちろん患者の状態や親子関係、また臨床の場によって事情が異なるため、毎回この通りにいかないことも多いが、経験上、基本的にはこのような流れが一番よいように思う。

　具体的なケースに入ろう。
　発表者の感想に述べられた深い考察を始め、さまざまな視点

から豊かなディスカッションが展開されているので、すでに私からは述べることはほとんどないように感じる。改めて確認しておきたい点について、少しだけ触れてみたい。

　発表者は彼女に関する報告のなかで、折に触れて、"彼女の情緒を十分に味わうことができない感覚"を抱き、"何か本質的なものを理解できていない感覚"があったと述べている。そして"咀嚼できていないであろう彼女の気持ちについて考えてみたい"とのことでグループに出したいと感じたようである。

　私がまずここで感じるのは、発表者のなかに、治療者として、"彼女の情緒を十分に味わわなければならない"、"本質的なものを理解できなくてはならない"などの気持ちがかなり強くあるのではないかということである。もちろん、これらは心理療法一般で、治療者に求められていることなのかもしれない。ただ私は、「その前に、」と思うのである。

　彼女とともにいるなかで、上記のような"味わえない"、"理解できない"感覚を抱いた際、発表者自身が感じたのは、どのような"情緒"だったのだろうか。

　それは、治療者としての"無力感"や"惨めさ"なのだろうか、それとも"もどかしさ"や"苛立ち"、あるいは、どこか触れ合えない"寂しさ"や"悲しさ"なのだろうか。もしかしたら、もっと入り組んだ情緒があったのではないかとも想像する。患者とともにいて感じる私たちの"情緒（いわゆる逆転移と言われるものであるが）"、それこそが、もとは彼女が抱いているはずの"情緒"である可能性が高い。発表者は感想で、"彼女が一人きりになることは絶望的なもののように思えた"とあるが、それは同じ感想の少し先で、"そもそも（対象を）求めてはならない"と感じている彼女のあり方であり、この絶望感こそが、彼女が伝えたかったもののひとつなのかもしれない。それを安易に伝えることには慎重にならなくてはいけないし、そもそも逆転移という理解に終始してしまうことには大きな危険が伴うが、私たち治療者は、まずは自身のなかに生まれる"情緒"がどのようなものなのかに気づき、それをもとに患者についてもの想うというあり方を、治療者の基本的な姿勢として大切にしたいと思う。

あるいは今回のケースの場合、別の見方もあるだろう。そもそもそうした情緒自体、発表者のこころのなかに生まれなかったり感じられなかったりする場合である。その場合はどのようなことが考えられるだろうか。彼女は"言葉の表現も豊かであった"とあるが、彼女は表出される言葉をどの程度、実感をもって使用しているのだろうか。発表者にその情緒が伝わってこないとしたら、彼女にはその言葉と情緒のあいだに大きな分裂があるのかもしれない。発表者が自身の"情緒"を感じられない場合、彼女のこのあり方と同じ状況に陥っている可能性もあるだろう。

　今回のグループでは、メンバーの発言が頻繁に重なるという興味深い事象が起きた。当日のディスカッションや発表者の感想においても、その事象に関するさまざまな理解がなされている。ひとつは、彼女のなかの"交錯しぶつかり合う思い"の体現であるという視点、もうひとつは、彼女の世界のなかで度々あらわれる"侵入者"の体現であるという視点である。さらに連想されたのは、このとき、メンバー同士が互いの意見を牽制しているように対立的な見方を提示しており、対立的な見方であるにもかかわらず、それぞれが並置されていることから、これが彼女の本当の葛藤はまだ生じていない証左となっている可能性である。

　ただ今回この原稿を手にし、発表者の感想のなかの、"侵入者"という言葉を見た際、私は、当日のグループの雰囲気、そして発表者の様子を記憶から呼び起こしてみた。"侵入者"という連想が生まれた、発表者の背後にある気持ちについて思い巡らせてみたかったからである。

　さまざまな視点から、時には真逆と言っていい内容のコメントを、重ねてされた際の発表者のこころに、ある種の戸惑いが生まれなかっただろうか。そしてそれは発表者のこころへの"侵入"につながる体験にならなかっただろうか。つまり、発表者が考察で触れている"侵入者"という彼女の体験、その"侵入"される体験が、グループにおける発表者の情緒体験として具現化された可能性はなかっただろうかという危惧である。

とは言え、ケースを出すという体験には、多かれ少なかれ、自身をさらけ出す面があることも否めない。必然的にそれが"侵入"と体験されることもあるかもしれない。今回、発表者がどのような情緒体験をしたのか、実際のところはわからないが、発表者は、おそらくグループでのさまざまな情緒体験を自身のこころにくぐらせ、それを彼女の理解へとつなげたのだろう。そこには発表者の臨床家としての力がうかがえるし、またそれは、グループのメンバーの互いの信頼関係に支えられていることも確かなのだと思われる。

**Q** 心理士として親子面接を求められています。心理士の数が足りず、一人で親子を担当しなくてはいけません。治療を進めていく際、どのようなことに気をつけたらよいでしょうか。

**A** 実際、働く現場によって、私たち心理士の数はまちまちです。心理士が多く配置されている職場だとしても、それぞれの職場が心理士に求めるものもさまざまであるため、その職場が何を求めているかを見極めることがまず必要となるでしょう。つまり、「職場をアセスメントする」ということです。

さて、心理士の数が足りず一人で親子を担当しなくてはならないということですが、時折このような状況も耳にします。その際、私たちはどのようなことに気をつけたらよいでしょうか。

まず、今回のケース1のような思春期のケースの場合を考えてみましょう。実際このケースの場合は、最終的に子どもだけを心理療法の対象とする方向に進んでいますが、例えば、このケースの母親も面接を望み、そして子ども担当の心理士が母親の面接をせざるを得ない状況となった場合です。現場に主治医がいれば、母親のサポートは主治医にお願いするのが理想的ですが、それがなかなか難しいという状況を想定してみましょう。

先に述べたように、親子で相談機関を訪れたその時点で、例えば子どもの親に対する依存や反発、そして親の罪悪感やアンビバレンス等、親子のあいだにはさまざまな情緒が、複雑にうごめいている可能性があります。従って親が面接を望んだ際は、まずその親がどのような気持ちや意図で面接を望んだのかを考える必要があります。その背景には、例えば、単に子どもの状態を知りたいという気持ちのみならず、親自身もサポートを強く必要としていることのあらわれであったり、あるいは子どもの担当になっ

た心理士に子どもを取られるのではないかといった空想がはたらいている結果であったり、また子どもが専門家を頼らざるを得ない状況となったことに対する親としての不甲斐なさや罪悪感、もしくは専門家である私たちから批判されるのではないかと被害感から、何とかそれを払拭しようとする試みであったりするなど、さまざまな可能性が想像できます。

　子どもの心理療法が成立するためには、実際にその相談機関に子どもを連れてくることはもとより、医療費の支払いなど親の現実的なサポートが必要となります。従って、子どもの心理療法を重視するあまり、親の気持ちをないがしろにしてしまうと、面接の継続自体が厳しいものとなります。つまり、子ども本人の気持ちを大切にしながら、親との関係もある程度、良好なものに保つことを心掛ける必要があるのです。

　まずは子どもに、状況をよりよく知るために親とも話がしたいと伝え、子どもに許可を得ることが大前提となります。その際、いままで話してきたことのうち、親に伝えたくないことを確認し、また親が状況を知りたいと言われた場合には、どのようなことを伝えるつもりであるのかを具体的に伝えます。子どもの許可を取らずに親と会うことは、遅かれ早かれ何らかのかたちで子どもに伝わりますし、それは子どもとの信頼関係を損ねるものとなります。それは極力避けたいものです。

　そして実際、許可をとったうえで親との時間をとり、先に述べたように、面接を求めた気持ちの背景にはどのような意図や気持ちがありそうであるのかを感じ取ります。例えば親自身が精神的な疾患をもっており、親としての機能が著しく損なわれている場合は、もちろん親の気持ちを十分に配慮しながら、やはり迅速に医療機関につなげることが求められるでしょう。また親があまりに自信を失っていたり、過度な罪悪感や被害感を抱いていたりする場合は、それらの気持ちを十分に受けとめ、場合によっては具体的な子どもへの対応の仕方を伝えることで、落ち着く場合もあります。もしそれでも難しい場合は、親との面接を今後、設けることについて、子どもともう一度、相談して考えていくことが必要となるでしょう。その際、頻度についても、もちろん状況を見ながら柔軟に考えていく必要がありますが、基本的には、例えば数ヵ月に1回などと、子どもの面接の頻度を超えないことです。やはりこれも、子どもとの信頼関係を築くうえで大切なことだと思われます。

　さて、ここまでは思春期のケースをもとに考えてきましたが、幼児のケ

ースはどうでしょう。もちろん理想的には、他の心理士に親の面接をお願いするのが一番ですが、今回はそれが難しい状況を想定します。

　意外に思われるかもしれませんが、幼児のケースの場合も基本的には思春期のケースの場合と同じと考えてよいと思います。親との面接を設ける場合には、わかりやすいかたちで幼児にそれを説明し、確認を取る必要があるでしょう。確認をせずに親と会った場合、何らかのかたちで（無意識的にも）それをキャッチするものです。ただ、幼児の場合は、みずからについて語ることが難しいため、親から家での様子を含め、思春期のケース以上に、具体的な情報が必要となる場合もあるかもしれません。その際は、上述のことに留意したうえで進めていくことが求められるでしょう。

## ケースの概要

　40代男性。会社で異動したことをきっかけに、新たな人間関係を築くことに悩み、自費の相談室に来室した。
　アセスメント面接では、幼少の頃、自分が周囲に対して見下したり馬鹿にしたりするような言葉を発していたことで、周りの人が離れていったことが語られた。また彼は、そのことを父親がかつて自分に対して同じように見下す口調で接していたことと関連づけて話した。父親は厳格で、彼が泣くとすぐに怒るような恐い人として語られた。そのような「幼少期の経験を繰り返したくない」との思いが強く、自分の気持ちや考えをきちんと相手に伝えられないと語った。
　彼は来談する直前に、治療者である私とさほど変わらない年齢の女性とのあいだで失恋を経験していた。そのときの体験について彼は『自分は優しい大人でなければいけない。自分の言いたいことを我慢して、彼女の気持ちを優先してきた』と語った。それを聞いて私は「私とのあいだでも同じような関係性になるのではないか」という考えが頭をよぎった。
　アセスメント面接の最後に彼は、『今後、家庭を築こうとする際、いままでの対人関係を繰り返すのではないか。「自分の人生を生きていない」感覚があるので何とかしたい』と語った。
　私は、それについてともに考えていくことを目標に、週一回の精神分析的な心理療法を提案した。彼は私の提案を怪訝そうな表情で聞き、「その方法にはどのような意味があるのか」と尋ねた。私の説明を聞いてもなお納得のいかない表情を浮かべた彼を見て、やりづらさを感じた。心理療法の開始について十分に検討することなく、彼が半ば受け身的に同意するかたちで面接が始まった。

　彼は面接開始直後から、面接外で自分の気持ちを表現しようとさまざまに行動し、一方、面接内では私に何か語るたびに『他の人は

どうだか知りませんけど』と付け加えた。私はこうした彼の態度に、初めて会ったときから漠然と感じていた「見下されている」という感情を改めて認識し、同時に、彼に対して苛立ちの気持ちが高まっていった。私は彼が面接外で感情の表現を促そうと、なぜそうしようと思い、またそのときどのような気持を抱いたのかを尋ねた。彼は『誰かに気持ちを知ってもらい共感してもらいたい』と話し、私にも気持ちをわかって欲しいと思っていることを肯定した一方で、『深く考えていない』と言って頭を抱えた。この頃から父親について話していると唐突に話題を変えたり沈黙したりすることが増え、私がその都度気持ちを聞こうとすると、『自分の気持ちを知ってどうするのか』と怒りをあらわした。私は、自分の気持ちを大事にしたいと思ってここに来たことを伝えると、彼は『考えたくない』と言い、自身の言葉の拙さを語った。ただ次第に『言葉が出てこない』と、語ることへの抵抗を示し、12回で中断を迎えた。

　彼に対して強い負の感情を抱えながら面接を進めていくことは、非常に困難だった。彼にとっても、面接の場は逃げ出したくなるような窮屈で居心地の悪いものであったように思われる。私と彼との関係性がこれまでの関係性のエナクトメントにと想像していたにも関わらず、自分が非常にまずい関わりをしているようにも感じ、中断後、このような体験を振り返ることが難しかった。しかし今回、私と彼とのあいだで何が生じていたのかを改めて考えたいと思い、提示することにした。

## プロセスノート

#10 彼は椅子に腰かけるなり、『話すべきことが思い浮かばないですね』と言った。続けて彼は、『いろいろ考えながら話していたけど、慣れない。でもある程度は話せたと思う』と続けた。私はよく理解できず、〈なにを話せたと感じているのですか〉と尋ねた。彼は『何を考えてきたのかということ』と言うが、私はやはりよくわからなかった。〈もう一回とは？〉と尋ねたが、『いままで何を話してきたのかと尋ねられたので』と答えた。彼が、『小さい頃からの性格とか、学校でうまくいかなかったことか』と言うので、アセスメントのときのことだろうかと思い、私が〈確かにそうでしたね〉と伝えると、彼は『今後どうしていくか。人からどう思われているか、すごく気になるんです。影で何を言われているか。考え出したらすごく辛い。どうすれば辛い思いをしないで済むのか。最近、すごく悩んで熟睡できない』と立て続けに話し、私を見た。私は、彼はもう考えたくないし、話したくないようだと思ったが、誰かに話したいとも思っているようだと感じた。一方で、私から話すことを求められているので仕方なく話している、とでも言いたいようにも感じた。その後、10分、沈黙が続いた。

彼は『わからないし、思い浮かばない。駄目ですね』と話し始めたが、『どうすれば楽になれるのか考えている。楽になりたい。仕事ではうまくコミュニケーションをとることを考えているが、ふと思うのがもうどうでもいいということ。考えたくない』と語った。私はここに来始めたことと関係があるだろうかと思い、それを尋ねると、『一応、最低限の社会生活はしている。でも「どうでもいい」と思ってしまう。何でしょうね、考えすぎて悩んで、疲れている感じ。正直、今日もここに来るかどうか迷いました。休もうかと思ったけど、来週、所用で来られなくなったので、2週間空いてしまうと思って、今日来たんです』と話した。私は所用とは何だろうと思いながら聞いていると、彼は『そもそも何で

今日来たか。いまの僕で大丈夫なのか。いまのやり方で続けていて意味があるのだろうか」と語った。私は、〈来週はなぜ来られないのですか〉と尋ねると彼は、「所用です」と強く言って、私を睨んだように見えた。

　私は〈私がここで何を求めているだろうかと考えて、それに一生懸命応えようとしているよう〉と伝えると、彼は『何を求められているのかわからない。どういうことを語れば原因がわかって、どう対処すればいいかを考えてずっと話し続けてきた。不安です』と言った。私が〈不安なのですね。もう少しその気持ちを聞かせてください〉と伝えると、『ゴールが見えないし、先が見えてこない。不安や苛立ち』と語った。私が〈苛立ち〉と繰り返すと、『「どれだけ話してもわからない」という不安の言い換えです』と答えた。私は、私に対する苛立ちだろうと感じ、〈それについてもう少し教えてください〉と伝えると、彼は『最初から、ただただ話している。それに対してです』。私はまだ始めたばかりなのにと思い、彼はなぜそんなに怒っているのだろうかと思った。同時に、"仕方ないから話している" とでも言いたげな彼に、苛立ちも感じた。

#11　キャンセル

#12　彼は椅子に腰かけると、『今日で終わりにしたいです』と話し始めた。私が〈私とあなたとのあいだで、ここに来ることについての理解にズレがあるかもしれない〉と言って、アセスメントで伝えたことをもう一度伝えた。それは、職場でうまくやろうとするなかで相手が自分をどう思うかを気にするあまり、自分の気持ちや考えを伝えられずにきたこと、それは家族や好意を抱く女性とのあいだでも繰り返されてきただろうこと、ただこれから自分が自立的に生きていくためにはどうしたらいいかを考えて面接に来たのだろうということだった。彼は沈黙し、『わかってくれるかどうかは相手次第。いくら頑張ってもわかってくれない人はいる。理解し合えない人もいる』と言った。私は〈これまでの面接のなかで、私からもわかってもらえないと感じたかもしれない〉

と伝えると、彼は『そうかもしれない。どうひねり出しても伝えられない』と話した。私が〈「どう頑張っても誰にもわかってもらえない」と感じたのは、ここに来始めたことと関係があるようです〉と伝えると、『疲れた』と言った。私は〈その「疲れた」という感じは、まさにいままでいろいろな場所であなたが感じて来たどうしようもなさのようですね。私に対しても言いたいことを言えずに"疲れた"、"面接を辞める"ということで何かを伝えたいように思う〉と伝えた。彼は頷いたが、その後、長い沈黙が続いた。

彼は『疲れたというのは、職場の人との関わりに対するもの。みんな何を考えているのかわからない。どう接したらいいかわからない』と言って、私に対する怒りや諦めのような気持ちから話が逸れてしまったように感じた。私が〈よくわからず不安になっている〉と伝えると、『不安？』と首を傾けながらも、『不安だったのかも』と言った。〈私自身やここでやっていることもよくわからなくて不安になるかもしれない〉と伝えると、『ここに来ることを無意味だとは思っていないけれど、もう3ヵ月くらい経つけれど、わからない』と言った。私が思い切って〈まだ始めたばかりですよね〉と言うと、彼は『始めたばかりなんですか』と、苛立ちを示した。そして『何年かかるんですか。先が見えない』と言う彼に、私はアセスメントで彼の、『すぐに何とかなるとは思っていない』という言葉を思い出しながら、〈長いスパンでやりましょうと話したと思います〉と伝えた。彼は『「いつまでかかるんだ」って話ですよ』と答えた。その彼の言葉に、私はものが考えられなくなっていた。

面接終了の時間が近づいていたので、私は〈このやり方に疑問を感じているし、話していていろいろな気持ちになったと思う。ここではそういうことを扱って話し合うことが必要だと思う〉と伝えてみたが、彼は『次はいつ来るかわかりません』と言った。私は〈来週、またこの時間にお待ちしています〉と伝えた。

**#13** キャンセル。面接日の前日に直接、来所し、「担当者を変更するか他所に行きたい」と受付に申し出たようだった。

## ディスカッション

**スーパーヴァイザー**　ではみなさん、いかがでしょうか？

**メンバー**　アセスメントでは「この面接で何をやっていきましょう」という話になったのでしょう。彼のモチベーションはどれくらいあったのでしょう。

**発表者**　明確なことは提示していないのですが、アセスメント面接のなかで、彼の方から、自分の言いたいことを言うと相手が離れていくことを繰り返してきたし、このままだと自分の人生を生きていないという感覚があるので何とかしたいと言っていました。私もどうしたらいいか考えていけるといいですねと伝えて始まりました。

**スーパーヴァイザー**　それは誰の言葉ですか？

**発表者**　"自分の人生を生きていない"というのは彼の言葉で、"人間関係が繰り返されている"というのは私の言葉です。ただ、彼はアドバイスが欲しいという気持ちがあったようで、心理療法はアドバイスを与える場ではないと説明すると、怪訝そうな表情をしていました。週一回、自由に話すやり方を説明した際も、怪訝そうな表情で、『そのやり方にはどういう意味があるのですか』と何度か聞いてきました。私としては、いろいろ感じたり考えたりするのにはそれが一番よい方法だと思いますということしか言えなくて。いま振り返ると、面接を続けていくかどうか話し合えていなかったなと思います。一方で、彼は『わかりました。もともと続けるつもりで来たのでやります』とも言ったのです。

**スーパーヴァイザー**　彼と分析的な治療をおこなっていくことに関して、どのような展望がありましたが。

**発表者**　私が『他の人は知らないですけど』と繰り返し言う彼に、他の人が気になるのですねと言った際、彼は『そうですね』としか言いませんでした。ただその後、同世代の友人や同僚の話に連想が広がっていったので、その意味では分析的に関わる中でもう少し話が深まるのかなという感じはしました。何とかやっていけるかなという感じはあったのですが、分析的な治療を行いたいという私の気持ちの方が強かったように思います。

**メンバー**　発表者のなかの彼への陰性の感情は、具体的にどのあたり

から強くなっていったのですか。

**発表者** 初めて彼と会ったときから、"この人は苦手だな"と。彼の話し方が、見下されているように感じていました。

**メンバー** 彼の問題が初回から出ていたということですね。彼と付き合いたくないと思わせる何かが、初回からあったという。

**スーパーヴァイザー** 苛立ちのひとつの要因になっているのは、頻繁に口にする『他の人はどうかわかりませんけど』という彼の言葉ですね。発表者はその言葉をどのように考えますか。

**発表者** 当時はこの言葉を聞くと苛立ちしかなくて、「そうじゃなくて!」とずっと思っていました。

**スーパーヴァイザー** これは結局、"先生が"どう思うかわかりませんけどということなのでしょう。つまり、彼のなかで、自分の語っていることを先生がどう思うだろうかとか、どう評価するだろうかととても気になっている。私はときどきアセスメント面接の際に転移的な解釈を試みますが、例えば〈いまこうやっていろいろとお話されているけれど、私がそれをどのように聞いているだろうか、とすごく心配されているようですね〉と言うかもしれません。それに対して彼がどのように反応するのか、そのあたりを見ると思います。これは同時に、会社でも起こっていることですね。そこにつなげて伝えると思います。

**メンバー** 面接で話す不安については触れなかったのですか。

**発表者** そうですね、一回くらいしか触れていないと思います。

**メンバー** バカにする気持ちには触れたのでしょうか。

**発表者** 私を、ですか？まったく触れていないです。

**メンバー** 「考えたことをここで話すことで、ここでの発表者との関係がうまくいかなくなる」という不安がありそうだと思いますが、結局、話さないことによっても、発表者との関係がうまくいかなくなっている気がします。だから「本当にどうしようもなくなっているのですね」と言えると思います。

**メンバー** 発表者に対する空想も膨らんでいる気がします。それに触れないと、どんどん膨らんでいくような感じもします。発表者に去られるくらいなら自分から去っておこうとか。

**発表者** そうですね。

**メンバー** 彼は失恋した直後に面接に来たのですよね。でもここにも

同世代の女性である治療者がいて。彼の失恋体験にどのような空想が伴っているのかはわかりませんが、また関係がうまくいかなくなるのでは と、感じているのかもしれません。

**発表者**　彼が『もう話すことはない』と語ったとき、『自分のことばかり話している』とも言っていて。ここはそういう場なのだけど、と思いながら聞いていたのですが。いま振り返ると、「自分のことばかり」というのは、私にも話してほしいとか、私に対する興味のようなものがあったように思います。

**メンバー**　もともと「自分を生きられない」と言っていましたが、彼の生きにくさは、「人とつながれない」ところからきていて、そこでどうしようもなくなっている、それは私との関係のあいだでもそうかもしれない。だから相手とつながれないことが彼の感じている生きにくさなのかもしれないと思います。

**メンバー**　父親が見下す人だったとありましたが、彼はそれをどのように体験しているのでしょうか。

**発表者**　怖い人だったと言っていました。

**メンバー**　父親に従わなければいけないという。

**発表者**　彼が泣くと、『泣くな!』と怒るような怖い人だったと。

**スーパーヴァイザー**　おそらく治療者がイライラしていたことは彼に伝わっていますね。それについて触れたことはありますか。

**発表者**　ないです。

**スーパーヴァイザー**　彼は先生に振り向いて欲しいと同時に、先生のことを怖がってもいるように感じます。一生懸命、話をしているのだけど、先生は振り向いてくれないし、それどころか「お前はダメだ」と言われたりしているように体験している。父親転移と言ってもいいかもしれません。彼は面接で見下すように振る舞っていますが、実際は相当ビクビクしながら面接に来ていて、何を話してもダメかもしれないと感じているようです。

**メンバー**　私は、彼には発達障害の側面があると思いました。対人関係の築き方とか自分自身の気持ちをキャッチするのが難しいとか。面接で「自由に話してください」というこの構造そのものが彼にはとても大変だったのではないかと。どうアプローチしていったらいいのか、難しいですね。

**発表者**　発達障害的とは、例えばどのようなところですか。

**メンバー** 私が感じたのは女性との付き合い方です。相手がどう感じるのか想像できないとか、枠組や定義のようなものを強く求めるところとか。対人関係を築くことにも難しさはあるのでしょうが、やはりこの構造自体も難しかったように思います。

**発表者** 彼は、私が精神分析的心理療法を提案したのは、自分が気持ちや考えを言葉にしたり表現したりするのが難しいから提示されたと感じているようです。

**スーパーヴァイザー** それは伝えましたか。

**発表者** 伝えていないです。彼の方から、「自分がこういうことを苦手としているからこういうやり方が必要だと言われたのでしょうけど」と話していました。そういうことではないですと言いたかったのですが、言えませんでした。

**スーパーヴァイザー** 発達障害傾向もあるかもしれませんが、だからといって決して精神分析的な心理療法をおこなえないというわけでもないと思います。発表者は感じたことを面接記録にもきちんと盛り込んでいて、彼と一緒にいて自分がどう感じたのかを、きちんとキャッチしていると感じました。"彼は考えたくないし話したくないらしい、でも誰かに話したいとも思っているようだ"など、まさに彼のある一面を正確に捉えていると思います。これをそのまま、「このように思いました」と、まずは言葉にしてみるのはどうでしょう。同時に、この"言えない感じ"について、もう少し考えてもいいかもしれません。もちろん発表者のものもあるだろうし、彼の言えない感覚とつながっている感じもしますね。いろいろな側面から考えられると思いますが、このあたりで何か思うことはありますか。

**発表者** 言えばいいのに言えない、というのがいつものパターンのような感じがします。彼だから、というよりは私自身の問題で、思ったことをぜんぶ口にしていると、患者さんが離れていくのではないかという不安があります。傷つけてしまうと思っているところもあって。でも面接の最後では大胆なことを言ったりしているのですが。

**スーパーヴァイザー** 彼がどうなのかということも考えてみましょう。発表者が意識でキャッチしたのはいわゆる陰性転移ですよね。でもそれだけでもないと思います。彼は発表者に対して一生懸命アプローチしているけれど、フラれたと思って帰っていると思いますね。むしろ隠れた陽性転移というか、陽性転移を陽性のかたちで経験す

ることが難しくて、見下したり見下されたりという関係が俎上に乗りやすい人のようです。だからこそ窮屈になってふたりのあいだに空間がなくなっていく感じがします。私がもしこのような状況になったら、なぜこれほど息苦しくなるのだろうと思い、空間を作ることを意識的に考え始めると思いますね。これほど息苦しくなるというのは、よほどこれでしかつながれないということなのか、それともこうすることによって隠さなければいけない強い恋愛感情のようなものがあるのか、それ以外のものなのか。何なのだろうと考えると、彼、悲しくて寂しいですよね。話を聞いていると、とても切なくなってきます。そのあたりの水面下の感情を少し混ぜながら入れていくということで空間を作っていくと思います。

**発表者** その水面下のものというのは、隠れた陽性的な感情なのでしょうか。

**スーパーヴァイザー** そう思います。小さい子どもがママあるいはパパに、怒られたくなくてあるいは大事にしてもらいたくて、一生懸命いろいろやるけれど、ママに、『ダメダメ、なんで言うこと聞けないの!』って言われて泣いて、踏ん張っている姿のようにみえます。怒ることでしか伝えられない何かについて、想像できるといいなと思います。陽性転移という一次元的なことだけで考えていくと、彼を取り損なうというか、どちらかでしか考えられない彼に治療者がはまり込んでしまって、うまくいかなくなるのではないかという気がしますね。

**スーパーヴァイザー** 窮屈なあり方こそが彼がいままで体験してきたものだし、それにある程度、浸かる時期というのも、難しいですが必要だとは思います。彼にナルシスティックなものがどのくらいあるのかはわかりませんが、ナルシシスティックな方は、そもそも治療を受けるということ自体が屈辱的な体験になりますね。そういう方は陰性のものが出やすいでしょう。

**メンバー** 私はこの面接のやりとりを聞いていて、独り相撲な感じがしました。発表者は内面で独り相撲だし、彼は出し過ぎていて吟味していない。そこに空間がないということが重なり合い、それが彼の二次元性だと思いました。発表者も彼が吟味しないと言っていましたが、彼に三次元があるだろうかと疑問が生まれました。発表者は三次元で生きていて、彼は二次元で生きているから嚙み合なくな

っているのかと感じました。

**スーパーヴァイザー**　そういう意味ではふたりのあいだでつながって、そこから何かを生み出すとか、ふたりで何かをやっていて新しいものを作っていくとか、それがどういうことかわからないし、いままでそういう体験がない、異性関係を含めてそうかもしれませんね。

**メンバー**　話が変わりますが、今日のこのグループは心理療法の一般論の話になりやすいなと感じます。ケースが彼だからなのでしょうか。彼は考えることがとても大変なことだと思っていますし、「伝わらない、伝えないと」と発表者は思っています。今日はいつものグループと少し違う感じがして。これは何だろうと思っていました。

**スーパーヴァイザー**　このようなことが関係しているのかもしれないと思うことはありますか。

**メンバー**　もしかしたら彼も、考えてはいるのだけれど、本当に触れて欲しいところからは少し逸れているのかと思いました。この面接のなかでも互いに考えられなくてそのままになっているものがあったのかと。彼自身もそれが何なのかわからなかったのかもしれません。

**スーパーヴァイザー**　確かにそうかもしれませんね。というのは、彼に発達障害的なところがあるかもしれませんが、ディスカッションに上がっているような、自由に話すことが難しい人だとはあまり思っていません。分析的な心理療法が向かない人だとも思っていません。彼は『話せない』、『自分の話はダメだ』と言っていますが、むしろ「もう少し先生に汲み取って欲しい」「先生の方からもう少し話しかけて欲しい」ということが言えなくて、『自分がダメだ』って言っているように聞こえます。それが彼の関係性のなかで一部、言えているところでもあるでしょう。「先生、もっと僕の気持ちをわかってください」という気持ちを彼なりの言葉で伝えているのではないかと思います。もう少し彼の資質を信用してもいいような気がします。

**メンバー**　私も、先生にわかって欲しいという感じがあると思いました。私もよく陥りがちですが、自分に経験がないと患者さんが自分を求めているとなかなか思えないことがあります。何を話していいのかわからないとか、理解するのは相手次第とか言われると、まず自分がうまくやれていないから患者さんは不満なのだと思ってしまいます。でも本当は私に対する期待とか、すごくわかってもらいた

いけどわかってもらえるか不安、といった気持ちがあるのですよね。
　**スーパーヴァイザー**　陽性なものを扱えるようになったときが、私たちが何かを超えたときだと思います。臨床経験が短いうちは自信もないし、やっぱり照れくさいですよね。陽性のものと陰性のものとをセットにすると、言いやすくなると思います。
　**メンバー**　私は「私に」理解して欲しいのですね、ではなくて「ここで」と言っています。その方が言いやすい気がします。その後、「私」を織り込んでいく。そうしないと、確かに陽性転移を扱うのは照れくさいですね。
　**メンバー**　彼はキャンセルについて、「所用です」と言うなど、どこか相手に入らせないところがあって、彼は自分のことを理解されることをとても求めていると同時に、とても怖がっていると感じます。相手に伝わってしまうことを怯えているように思いました。虚勢を張っているようにみえますが、彼にとって、伝える、伝わるというのはどのようなものなのでしょう。
　**スーパーヴァイザー**　自分が初期の頃、スーパーヴィジョンで言われたことを思い出しました。「あなたは質問をするけれど、質問をする際、どのような答えが返ってくるのかをちゃんと考えていますか、自分が質問したくなったときの気持ちについてわかっていますか、質問をされた相手がどのような気持ちになるのか考えて質問していますか」と言われました。初心者の場合、そのようなことは考えられないですよね。ただ、分析的なものを目指そうとするなら、質問の答えはある程度、仮説があってから質問すべきで、基本的にそれがないなら質問しないほうがいいとも感じます。質問したくなるなら質問する代わりに、質問したくなったことについて考えてみる。その考えたことを、「私はあなたについてこんなことを考えたのだけど」と伝えてみて、その反応をみたほうがいいのではないかと思います。質問すると、いろいろなことが起こります。「わからない」ということをさらけ出すことにもなるし、質問されたことによって責められたと感じるかもしれません。彼の場合はそうでしょうね。
　でもそれは、初心者がみな通る道だとも思います。わからないと、こちらが考える素材もないと思って、私たちはつい質問をしたくなってしまいますね。そこで踏み留まって何かを考えるということが必要なのでしょうね。

**スーパーヴァイザー** 最後に発表者から何かありますか。
**発表者** 私のなかのイライラが強過ぎて、彼の陽性の部分や、彼が本当にわかって欲しいことに意識がいっていなかったと思います。また振り返って考えてみたいと思います。

## 発表者の感想

「小さい子が母親に大事にしてもらいたくていろいろと頑張るが、母親から『なんでわたしの言うことを聞けないの!』と言われて泣いて、踏ん張っている感じ」というスーパーヴァイザーからのご指摘は、私と彼の関係性を理解しようとしたとき、私のなかでしっくりくるような感覚があり、強く印象に残った。

　私は今回これを振り返って、自分がなぜそこまで彼に苛立ちを感じていたのかを改めて考えてみた。ひとつには、初めて会ったときに彼の口調や表情から漠然と、「見下されている」と感じたことに由来するものがあるだろう。

　もうひとつは、面接が始まると父親に自分の悩みを打ち明けようとするなど、心理療法以外のやり方で感情を表現しようとする彼に対し、自分を無下にされたようで彼を責めたくなるような気持ちになったのと同時に、「なぜ私とのあいだでその作業をしようとしないのだろう」と、いわば彼を「見下す」ような気持ちになったことによるものなのではないかと思う。彼にとって私は『すぐ泣くな!』と怒る恐い父親であり、面接開始直後から彼とのあいだで「見下す・見下される」関係になっていた。

　彼と会っているときに、ただ苛立ちの感情に留まらず、その背後にどのような感情があるのか、私自身の感情をもう少し吟味することができていれば、彼がこれまで繰り返してきた「見下す／見下される」関係のエナクトメントに気づくことができたのではないだろうか。面接外での行動を懸命にアピールする彼は、私の前で感情を表現することに不安を感じていたのであり、"私に"もっと聞いて欲しい、わかって欲しいというような感情を向けていたのであった。彼との関わりのなかでは、もう少しそうした気持ちに触れる必要があったと理解することができた。

　一方で、なぜそういった感情に触れられなかったのかと考えると、彼と会っているとき、このような感情が自分に向けられ

ているということをどこかで感じながらも、それを見ないようにしてきたのではないかという気がする。それは、「自分の気持ちをわかって欲しい」と感じながらも、わかられることに対する不安や恐さのようなものもあり、必死に自分を隠そうとする彼のあり方と関係があるのかもしれない。また、彼から頼られたり必要とされたりすることに対して、私自身が抵抗したい気持ちが、少なからずあったのかもしれないとも思う。

　私に気持ちを尋ねられて「自分の気持ちを知ることはどう大事なのか」と怒りを示した場面を振り返って考えると、これは私に感情を言葉にすることを求められて抵抗したものといまでは理解できる。しかし、彼にとって「自分の気持ちを知ること」や「それを知られること」はどのような体験だったのだろうか。もしかすると「思っていることを知られると相手に（私に）見下されるのでは」と感じていたのではないだろうかと想像する。そうしたことに思いを馳せることが、彼のあり方を理解するのに意味があったのだろうと思う。

　またスーパーヴァイザーから、「彼と会っていて感じたことをそのまま伝えてみる」というご助言を頂いた。このご助言を聞いてまず連想したことは、普段感じている自分自身の問題であった。それは、ディスカッションのなかでみなさんからさまざまなご意見を頂いても、それになかなかコメントできないと感じたことにもあらわれているように思う。同時に「気持ちや考えを言えない」彼と重なるようだった。彼と私との関係でのことを考えると、私は確かに彼とのあいだでも「思っているのに言えない」と感じており、実際に伝えられていないことが多かったのだとディスカッションを振り返って分かった。こうした互いの「言えなさ」が、私の彼に対する負の感情や、彼の私に対する空想、「もっとわかって欲しいのに興味や関心を持ってもらえていない」とか「もっと近づいてきて欲しい」という彼の体験に影響したように思え、私と彼が作り出した空間がとても窮屈になり、繋がりが持てなくなってしまったことと関係があるように思われた。

## スーパーヴァイザーのコメント

　今回、発表者の原稿を読んで改めてこのケースについて考えていると、ふと、ある思いが胸中をよぎった。それは、「臨床面接は難しいが、めちゃくちゃ面白い」であり、「自費面接という設定はこの特徴を際立たせる」という思いである。

　私が初めて臨床現場に出たのは、無料の心理療法を提供する公的機関だった。その後、保険診療の医療機関に移り、経験を積みながら、別の心理療法専門機関で自費の面接を担当するようになった。はからずも、徐々に面接室内に私自身の反映される度合いが増し、患者の支払う面接料金と私が手にする金額が上がっていくなかで感じられたのは、面接全体の密度が徐々に濃くなり、転移をはっきり実感するようになるという変化だった。比喩ではなく、患者の息遣いや匂いまで体感されるようになったという感触があった。もちろん、私はここで、無料や保険診療では転移がおこらないと言いたいわけではない。私にとっては、自費面接の方が分かりやすく感じられた、ということである。

　発表者がここにまとめているのは、自費診療の設定で取り組んだ面接と、ディスカッションの記録である。私が先の思いを新たにしたのは、この原稿と当日のディスカッションに、発表者の逆転移と自己開示が赤裸々に語られていたことによるのだろう。

　発表者は苛立ち、悩み、そして考えていた。その姿を見せることには戸惑いがあったかもしれない。うまくいかなかったと自認するケースを提示することに、恥ずかしさもあったのではないか。しかし、それらの自己愛的な傷つきを超えてありのままを検討しようとした発表者には、このグループへの信頼が感じられ、そして自分自身の臨床的な課題に目を逸らさず向き合おうとする真摯な姿勢が見えた。私はまず、発表者のこの姿勢に心からの敬意を表したい。

ケースの理解については、メンバーとのディスカッションで多くの重要な示唆が得られているように思う。そこで、ここではこのケースの取り組みを通して見えてくる、もう少し一般的な事柄について述べてみたいと思う。

　発表者は、患者との面接のなかでいらだちにからめとられ、考え感じる機能を失いかけている。そしてこの「考えられない」という体験は、精神分析的な心理療法を営もうとするときに、大なり小なり生じるものであると思う。治療関係が陰性感情に支配されて膠着状態に陥り、治療者が自由に考えられなくなることもあるだろう。患者の病理によって、治療者の思考能力と連結の能力が損なわれるという体験も少なからず生じうる。

　一方で発表者は、アセスメント面接の段階から、すでに大事なことに気づいている。それは、この患者が発表者と同年代の女性の意に添おうとしながら交際を続けてきたが、面接を開始する直前別れているという事実であり、そして自由連想法を提案された彼が、この技法に対する違和感を発表者に伝えつつも、結局、発表者の提案にあわせようと努力した（そして失敗した）という点である。

　発表者は、おそらく面接当初からこの転移の一端について、少なくとも頭ではわかっていたのだろう。それにもかかわらずどっぷりはまり込んで、患者とのあいだに考える空間を失っているように見える。治療関係の初期に生じた、患者とのボタンのかけちがいに十分触れることのないまま、先を急いでしまっている。

　私たちは、これこそが転移なのだと改めて認識する。そしておそらくここで、少なからぬ読者が「転移を生きのびる」を連想することと思う。

　ところが「転移を生きのびる」という、あまりにも有名なこの一句ほど、難しいものはない。1915年、Freudが『転移性恋愛についての観察』でああでもないこうでもないと筆を迷わせたように、転移の実感と取り扱いは一筋縄ではいかず、一直線にものを考えることは相いれないような体験をもつことになる。

　私たちは、かなり早い段階から、この事実を教わり知ってい

る。精神分析的な心理療法が治療者自身を活用する心理療法であり、感情の取り扱いを要にするものであることも、承知しているはずである。しかしそれでもこの臨床的事実は、私たちにとって分かりがたく、対処しがたいものであると思う。私も含めて誰もが、患者を前にして、転移のなかにいて、揺れ動くのである。そして、転移に「対処しよう」とすること自体が不自然なことであることに気づくのかも知れない。何かをしようとし過ぎていた己に気づくのかもしれない。

　それでは、生き延びるという、知っていたはずの現象を経験的に理解して活用できるために、つまり知的な理解が情緒的で体験的な理解につながるために、私たちはどうすればいいのだろうか。

　私は、そのために個人スーパーヴィジョンやケース検討会グループ、そして自分自身が治療を受けるという体験があるのだと信じている。自分を活用しながら面接することの醍醐味も難しさも面白さも、十分に体験できるようになるためには相当の経験が必要であるように思う（かくいう私も、まだ経験の途上にある。道はまだまだ続く。しかしこの「先が長い」という事実は、私をワクワクさせてくれる。患者は、精神分析を通して、私に何を教えてくれるのだろうと思う）。

　自己愛的な傷つきを恐れる彼は、対象のいいなりになるという外面を維持しながら、同時に、対象への憤りを抑えることができなかったのかも知れない。怒りながら泣き続けていたのかもしれない。その苦しくてはかない心的世界の一端が発表者のなかに流れ込んでいることについて、治療者が自身の実感と空想からなにがしかを得たとき、おそらく、患者の前にいる発表者に、重要な何かが生じるだろう。発表者がこの内的変容を通り抜けるためには、転移に身とこころを浸しつづける必要がある。この困難な作業をやりとおすことは、とりわけ初学者のうちにはひどく難しい。だからこそ、同業者であるメンバーに聞いてもらい、スーパーヴァイザーに聞いてもらうのである。聞いてもらい考えてもらい、そして何かが伝わったと感じられたとき、おそらく私たちは新しい理解を手にしている。そして治

療者としての、ある種の力みから少しだけ解きほぐされている。その繰り返しの果てに、私たちの営みは何かしらの果実を得るように思えてならない。

**Q** はじめのうち、患者さんはきちんと面接に通って来るのですが、すぐに中断してしまいます。何が問題なのでしょうか。

**A** 私は、精神分析的心理療法とは大変に魅力的であると同時に、難しいものだと思います。精神分析家のBion, W.R.も指摘するように、容易な患者などどこにもいません。

すべての人がそれぞれの人生を歩み、それぞれの問題や悩みをもっています。自覚の程度は人によって違うかもしれませんが、多くの患者は、自分自身に、親きょうだいに、恋人や配偶者に、そして友人や上司に、強い感情をもっています。恨みをもつこともあるでしょうし、悲観している人もいるでしょう。人生を思うようにいかないと感じ、打開できないと感じた人たちが、私たちのもとを訪れるのではないでしょうか。

こうした患者の思いや苦悩から目をそらさずに取り組みつづけるのは、大変なことです。憎しみを抱える患者と会っていて、この憎しみの感情が治療に臨むふたりに影響を及ぼさないとしたら、それは、ふたりが何か大切なことを回避しているということかも知れません。それは不自然だと思うのです。人間関係がうまくいかないという悩みをもつ患者との関係は、やはりうまくいきにくいものです。精神分析的心理療法は、おしなべてうまくいかないのではないか、と思うのです。

面接が早期に中断する背景には、さまざまな理由があるでしょう。しばしば指摘されるのは、治療者の知識と技法の未熟さです。つまり、面接で進行している重要なプロセスや患者についての理解が及ばず、面接が中断せざるを得なかったということです。あるいは、この範疇に入るかもしれませんが、患者の面接へのニーズを充分に把握できなかった場合もあるでしょう。意識的なものだけでなく、無意識的に患者がもっていた面接への

モティベーションを治療者が捉えそこなったとき、面接の継続は困難になるでしょう。

さらに、治療者が患者にむけて「何か意味あることをしよう」としすぎたとき、困難な事態が生じるかもしれません。そこに関与しているのは、治療者の「欲望」です。多くの読者と同じく精神分析的心理療法を学ぶ途上にある私が、最近ますます感じるようになったのが、この欲望をめぐる問題です。

ここでいう欲望に含まれるのは、たとえば「ひとかどの治療者になりたい」のようなものばかりではありません。「患者を治したい（変えたい）」「患者の役に立ちたい」なども含まれます。後者に属する思いは、援助職につく私たちが抱きやすいものの一つかもしれません。

たとえば、このQ&Aの問いのなかにも、ある種の欲望が含まれています。患者を「きちんと面接に通わせたい」という欲望です。その背後には、「患者を変えたい」という欲望もあるかもしれません。でも、どうしてきちんと通わせる必要があるのでしょうか。それは、誰が望んでいることなのでしょうか。本当に患者のためなのでしょうか。

そもそもこのQには、面接をうまく進めるためにはどうしたらいいのかという、ハウツーを求めようとする心が現れているようです。しかし、患者との面接は、ハウツーでどうにかなるようなものでしょうか。そもそも、無意識という領域にとりくもうとする私たちが、意識的な力や工夫でどうにかしようと思うことのなかに、無意識の軽視や、自分自身の力への過信が含まれてはいないでしょうか。

私見になりますが、これらの考えは、精神分析や分析を基本にする心理療法と相容れないものであると感じます。歴代の分析家たちが教えてくれるのは、私たちにできるのは患者を変えることでなく、理解することだけだ、ということです。もっと正確に言うなら、理解しようとすることだけだ、と言っていいかもしれません。

しかし、この理解しようとしつづけることが、大変に難しいのです。私たちには、分からないことだらけです。分からないことが耐え難いために、つい何かをしようとしたくなったり、答えを求めてQのような問いをたてたくなるかもしれません。それでも、たとえこのような「行為」に向かったとしても、すみやかに「理解」という分析的な地点に戻ってこられるようになることが大切です。目前の患者と真摯にこの作業をつづけていくと

き、治療プロセスは、やがて自然と、進展を遂げていきます。何かを変えようとか動かそうとか、そういうことではないようです。たとえ正しい解釈があったとしても（そのようなものがあるのかどうかも疑問ですが）、それを患者に教えこませたり納得させたりするとか、そういうことでもないのです。

　冒頭の問いに戻ります。中断という事態に向きあう私たちに必要なのは、「何が問題なのか」を問いつづけることではないか。私はそう考えます。正解などありません。自分自身の至らなさに思いを向けることも含めて、私たちには、考えることが求められています。
　面接プロセスを問いつづけた結果、治療者が自分自身の治療の必要性を感じることもあるでしょう。訓練として面接を受けるというよりも、中断してしまう点も含めて、自分自身について考えるために治療面接を受けるという意味です。良い治療者になりたいという欲望もあるかもしれませんが、そこにしがみつくのでなく、「至らない自分を考える場」としての治療を受けるということです。もしそのようなことが果たされるなら、重要な体験がもたらされるだろうと思います。

## ケースの概要

　40代前半の女性。その年齢を感じさせず、幼ささえ残る顔立ちである。また面接場面では常に礼節を保ち、過酷な生育歴を柔らかい物腰でにこやかに語る様子が印象的だった。
　彼女は、強権的な父親と従順な母親と弟の4人家族、父親からは友人関係や進路などさまざまな面で制限を加えられ、意にそぐわない場合は暴力も振るわれていたようだった。5歳年下の弟とは性格が合わず、些細なことでよく喧嘩になった。彼女は高校では生徒会活動に熱心に取り組んだが、それも父親から反感を買った。彼女は養護教諭に相談したが、「親に怒られないためにはどうしたらいいか」というアドバイスばかりで、彼女の傷つきを深めるだけの体験になったようだった。
　高校卒後は専門学校へ進学するものの、親との関係は悪化し、学費を払うことが困難となり中退した。その後、就職するが、望む仕事をさせてもらえないなどの理由で転職を繰り返していた。彼女が社会人になって4年が過ぎる頃、突如、弟が家出したことで親の重圧が彼女に集中するようになった。重圧から逃れるため、当時つき合っていた現在の夫と同棲を始めた。
　その後も職場では対人関係のトラブルが続き、体調も悪化した。そのため就労は困難となり、面接を希望して私が勤務するクリニックを受診した。

　初回、彼女は、「自分の人生やパートナーとの関係を考えていくうえでも、家族関係を整理したい」と語った。
　開始当初の面接は彼女の生育歴を追うかたちで進んだ。開始時の面接構造は隔週30分であったが、遅刻やキャンセルが頻発した。面接では父親から受けた暴力のエピソードが多く語られたが、開始当初から続く遅刻やキャンセルは、私がうまく対応できていないからだと感じた。

生育歴をすべてたどり終える前に、話題は彼女の現在の生活上の問題へと移り変わった。それに対して私は、どうにかしなければと具体的なアドバイスするようになっていった。彼女自身が語るとおり、彼女には「介入しなくてもいいトラブルにわざわざ巻き込まれていく」というパターンがあるようだった。隔週の頻度では、彼女を支えきれないと思い、主治医に相談し、隔週30分から毎週30分へと構造を変えた。開始1年ほど経った頃だった。

　私のアドバイスに反して、彼女はさまざまなトラブルの話を面接の場に持ち込み続けた。私はこの面接に意味があるのだろうかと迷いを抱き、結局、自分は彼女に制限をかけ続けた父親と同じではないかとの思いを抱くようになった。そして、彼女の行動はコントロールできないのではないか、そもそもコントロールしようと考えること自体が間違っているのではないかとも感じた。

　さまざまに考えた結果、仕切り直しを提案することにし、面接時間を30分から50分に変更した。そして仕切り直しとして、今後の方針を立てるために2回の面接をもつことで合意した。

　以下に提示する面接は、その仕切り直しの2回目の面接である。彼女との面接が数年経っても何もできていない"不全感"と"無力感"があった。今後どのようにこの心理療法を立て直すことができるかを検討したいと思い、提示することにした。

## プロセスノート

#62 彼女は10分遅刻して来院した。彼女を待っているあいだ、今日は来るのだろうかと私は落ち着かなかった。やはり継続に意味は無いのかもしれないとも考えていた。

　私が〈なぜ遅れたのですか〉と尋ねると、彼女は『やっぱり体調が悪くて、直前までゴロゴロしてしまって』と、いたずらっ子のような笑顔が返ってきた。私が、〈なにか意味があると思うのだけど。行かないという選択にはならないのですね〉と伝えると、彼女は笑い、『行かないっていう選択をするのは、もうだいぶ時間が過ぎて、いまから行っても間に合わないとき』と語った。彼女は『行きたくないとは思っていないんです』と念を押した。しかし一方で、この面接のある曜日の前夜に体調が悪くなるのだと語った。

　そして『倒れる前から、予定が組めない生活はずっとしてきた』と言い、体調によって約束が守れないことについて、『なにより、自分がいちばん自分を信じてない』『約束を窮屈にも思っている』と語った。私には誰かとの約束において「自分が自分を信じていない」という言葉と「窮屈」という言葉のニュアンスのズレを感じ、違和感を抱いた。私は〈時間からはみ出ることによって、約束を窮屈に感じているということを、私に伝えようとしていたのかもしれない〉と伝えた。彼女は、『そうなのかな』と考える様子を見せた。そして彼女は『窮屈だからと言って、社会に出たらそれで済むわけもないし、折り合いはつけないといけない。折り合い？ってのもなんか変ですね』と語った。私は、〈社会に出たらそうもいかないというのは、確かにそのとおりだと思う〉と伝えたが、その先が続かなかった。

　私は、〈体調が悪化したのは弟さんの一件があった頃からですか〉と尋ねると、彼女は、体調不良は働き始めた頃からあり、弟の一件はそれほど重要ではないと語った。どこの病院を受診しても安定剤を出されるだけであり、薬に依存していったことを語っ

た。私が〈面接を希望して、前のクリニックから紹介されて、こ こでお会いすることになって。なぜあのとき、面接を受けたいと 思ったのだろう〉と尋ねた。彼女は『歯車が嚙み合っただけ』と 答えた。もっと以前から面接を受けることは考えていたが、高校 の養護教諭との体験もあり、及び腰になっていたようだった。

彼女は『向き合わないといけないことはあると思う。それは家 族のことだけではないかもしれない』と言う。また、『ここに来て 先生と話すことで行動にストップがかかる。そういう意味では必 要だと思う』とも語った。私は実際に行動にストップかかってな いではないかと思ったが、聞いているうちに、彼女の話に次第に ついていけなくなっていった。そのような状態に陥っていること に焦りを感じつつ、彼女のことを受け入れたくないのかもしれな いとも考えていた。

私が、〈家族のことだけではないというのは〉と尋ねると、それ がわからないのだと答えた。彼女が語っていたことをかき集めて、 〈向き合いたいというのは実際にあると思う。でも一方で、向き合 うことで出てくるものを考えると怖くなるのかもしれなくて。そ れが時間通りに来られないことにあらわれているのかもしれない〉 と伝えた。彼女は同意はしたが、しっくりときていない様子だっ た。私も、無理やり結びつけ過ぎたかもしれないとも感じた。

このあたりで私の頭の中に浮かんだことを伝えてみることにし た。〈さきほど、約束が窮屈だと言っていたけれど、何だかいつの 間にか担うことになってしまった仲裁役の役割を達成できないこ とを繰り返しているのかもしれない。それは「約束させられてい る」という感覚なのかもしれない〉と伝えた。それを伝えながら、 彼女が時間通りにここに来て自分のことを考えるという「役割」 もできていないと彼女を責める気持ちが湧いてくると同時に、そ うさせているのは中途半端な対応をしている私なのだろうかとも 考えていた。何ぜこれほどまでに自分がどうにかせねばと思って いるのかもわからないままだった。

彼女が連想したのは、今回の問題を相談したある知り合いのこ とだった。それまでは、誰かに家族の問題を話しても、親は彼女

のことが心配で仕方ないのだからと言うだけだと話す。彼女も辛い思いをしてきたのだろうと思いつつ、私自身もどこか親の肩を持つ考えを抱いていることを改めて感じた。しかしその知り合いはあっさりと、「そんな親ならさっさと切ってしまえば」と言ったのだという。彼女は『そんなこと言う人に初めて会った。「それでいいんだ」と、すごくスッとした』と笑った。そして弟のことも、本来は親が対応することだったのだろうと振り返り、『やめておけばいいのに首をつっこんで、途中で苦しくなってしまう。背負わなくていいものまで背負ってしまう。それを背負わないでいられたらいいのだろうなと、話しながら思いました』と語った。

　私は、彼女は向き合わなければと言っているけれど、向き合うことだけが解決策なのだろうか、でも少なくともいまの私は彼女にそういう問題に向き合わせようとしているではないか。そもそも彼女は本当に向き合いたいのか、この場も切ってしまいたいのではないかなどと考えていた。〈相手を助けたいという思いはあるようだし、あなたも好き好んでトラブルのなかに飛び込みたいわけでもないだろうし。でもどこか首を突っ込まざるを得ないあなたもいて。何がそうさせているのか、いまはわからないけれど、もしかしたらそれが向き合うことなのかもしれない〉と伝えると、まったくそのとおりだと彼女は笑った。2回で生育歴の全体を聞くのはできなかったことを前置きし、〈背負わないでいいものを背負わずにいられるようになることが、目標だろうか〉と伝えると、『仕事のときも、そうだった。やらなくていいことまでやって倒れたのだと思う』と語り、同意した。

　終了後、今後、具体的にどうするのかを提案できていないことに不全感を抱いた。生育歴を改めて聞くのも困難だった。今回の流れをもう一度、整理したいと思い、提示することにした。

## ディスカッション

　ケースのディスカッションに入る前に、これまで患者の求めるものを明確にしないままに面接頻度や時間を増やしていることなどについて検討がなされた。

**スーパーヴァイザー**　では、みなさんいかがでしょう。
**スーパーヴァイザー**　"真剣に向き合う"ということがどういうことかと言うと、"患者が何を望んでいるか、わかるまでわからないという態度を貫き通す"ということだと思います。発表者はよくわからないままにどんどん彼女に時間をあげているようですね。
**発表者**　そうですね。
**スーパーヴァイザー**　発表者がいわゆる"いい人"になっているようです。何のためにここで彼女といるのか、ということが明確にわからないのに、ここに一緒にいる状況ですね。なぜかよくわからないけれど続いていくことが、彼女の「不毛な人との交わり」の再現のようです。そして、面接で長期的に会うということを前提にし過ぎているとも感じます。長期的に会うということは、特別なことだと思った方がいいでしょう。「この患者は長期的にサポートする必要がある」と強く思えば、そこで初めて面接を提案する。切れ目がなくダラダラと続いてしまうと、一体、自分が何をやっているのかわからなくなってしまうように感じます。
　患者のニードとモチベーションをきちんと確かめて、それに合わせて何かをしていくことが大事です。だからもう少し、自分の役割を価格化していく練習をして行く必要がありますね。それは結局、治療者自身の万能感、つまり患者にとっていい人、有益な人になりたいという野心を抑えることだと思います。
　面接で話す内容が急に変わったときは勝負でしたね。〈あなたは最初「過去を振り返りたい」と言っていたけど、いまの感じだと過去はもうどうでもよくなっているようですね〉と言って、様子をみるのもいいと思います。
**メンバー**　あなたはここで何をしたいのか、続けたいと思っているのかをもう少し自分で考えさせてもいいのかなと思いました。発表者がとても困っていて、道を示さないととか、意味あることを提供し

ないと、と強く感じ過ぎているように思いました。

**メンバー**　彼女に、スルスルとうまく逃げられる感じがしました。振り返ると疑問が浮かんでくるのに、その場では逃げられてしまう。彼女が『ここで話すことで行動にストップがかかる』と言っていますが、発表者はいや止まってないよとか、本当に止めたいのかと思うのに、それを伝えられず、自分が悪いことをしてしまっているという話になっていて。きちんと考えるとか伝えるということを出来なくさせるようなかたちで、うまく逃げられている感じがしました。

**発表者**　なぜこれほど言えないのだろうとは思いました。いま思ったのは、本当に面接をやりたいのかを含めて伝えたところで、彼女がやりたいと思っているのかわからないと思っているのかもしれません。言葉上では、彼女は面接を続けたい意思を伝えてはいますが、私があまり彼女のことを信じていないのかもしれません。

**メンバー**　発表者は彼女に会いたいのだろうと感じました。頻度や時間をどんどん増やしていて。彼女にやる気があるのかわからないけれど、「行動にストップがかかって」などと、ここに来ている意味はありますと伝えていたり、全然やめてもいないのに、ストップもかかっていないのに、発表者を持ち上げるようなことを言ったりしていますよね。お世話したくなるような感じをかき立てる人なのだろうと思いました。

**メンバー**　私も、発表者がどのようなモチベーションで彼女と会っているのかなと考えていました。今、実は発表者が彼女に会いたいのではというコメントがありましたが、発表者は本当は、彼女を受け入れたくないのかもしれないと思いました。最初に隔週30分という構造にしたのはなぜだろうかと気になります。

**発表者**　確かに、会いたいというのはそうなのだろうと思います。週1回50分でやっても意味がないかもしれないとか、余計に崩れるかもしれないなどと主治医と話しました。中途半端に隔週30分という構造に逃げたのだと思います。

　ただ実際、それで進めていったら彼女のことを抱えきれないと感じ始めて。支えてあげないといけないというのは、確かにそうかもしれないですね。でも、それが彼女に動かされてということであれば、それはまた別の問題ですね。

**メンバー**　ここに来ることになったきっかけがよくわかりません。実

際に来ているので、何かしらメリットがあるのだとは思いますが。私が思うのは、彼女がいろいろなところに首を突っ込みたがる、そして周りがどんどん困っていく、でも彼女自身は困ってないということを考えると、彼女が自分のなかの困っていることを外に投げ込まなくてはいけない人なのではないかと。"困れない人"なので、本当に困っていることを発表者に肩代わりしてもらわないといけない。そのために来ているようです。

　発表者が最後に、「向き合うこと」を伝えていますよね。確かにそうだと思いますが、彼女はまだ"困る"というところまでいっていないように感じました。

**メンバー**　私は聞いていて、"無意味感"が切り離されているような感じがして。発表者はこの面接の意味のようなものを作り出そうと一生懸命、頑張っているような感じがしました。

**メンバー**　「過去を振り返りたい」ということで始まって、彼女としてはどの程度、整理できたのか。生育歴をもう一度、聞きたかったけれど聞けなかったというのは、どのようなことが関係しているのかなと思いました。

**発表者**　生育歴を細かく知る必要があるのかが、そもそもわかっていなかったのだと思います。とりあえず全体像を聞きたかったのですが。実際は全体像にはまったく届きませんでした。私が必要だと思っていることと、彼女が必要だと思っていることがあるとしたら、それらが異なるのかもしれないと思えました。

**スーパーヴァイザー**　このセッションに注目してみましょう。今回、提示した面接が特別な面接であるならば、まずは冒頭にそれを言う必要がありますね。これは、面接の仕切り直しの2回目の面接ですね。「今日の面接の最後で仕切り直しについての方針を提案するので、合意できるかどうかによって、今後の面接を決めましょう」と。発表者にはどのような選択肢があったのでしょう。この面接は再設定のためのマネージメント面接なので、治療者にはその選択肢のなかで順番をつける必要がありますね。

**発表者**　一番の選択肢は、患者が巻き込まれているトラブルや対人関係の持ち方などに、もう少しフォーカスを定めるのがいいと思っていました。その次の選択肢は、精神分析的心理療法でした。

**スーパーヴァイザー**　今回、提示した面接でとても面白いと思ったのは、

発表者の介入とそれに対する患者の反応ですね。いつの間にかを含む解釈は、いいところをついていると思いました。この言葉がキーワードになっていますね。いつの間にか担っている、まさに発表者もいつの間にか役割を担っているのですね。いつの間にか変な役割をさせられていて、それが不全になっている。この解釈はそれなりの内容があって、その反応として、彼女はきちんといい素材をくれているように思います。「そんな親ならさっさと切ってしまえば」と言ってくれる人がいて問題を断ち切ってくれたという連想ですね。これは初めての素材ですか。

**発表者**　初めてです。

**スーパーヴァイザー**　彼女は解釈に対して、とても生産的に反応したと思います。そういう人がいたら彼女の機能が上がるのかと感じましたが、どうでしょうか。彼女のこの反応を摑んでさらに介入してもよかったのかもしれません。つまり、〈あなたはそういう人を求めているのかもしれませんね〉とか、〈なにか、あなたに本当のことを言ってくれたら、あなたは考えが変わって、それでスッキリしたとおっしゃっているので、ここもそういう場所として使うことを考えてみる価値があるかもしれないですね〉などと伝えて、精神分析的心理療法を導入する流れでもいいように思いました。

みなさんがコメントされたことは確かにそうなのかもしれないけれど、大事なのは面接の流れ、コンテクストです。面接で患者がどう振る舞っているのか、治療者がどういう振る舞いをして、それにどう反応したのかを考えることが重要だと思います。

この解釈にもう一つ、いつの間にかと言ったのなら、〈この面接もいつの間にかあなたの人生を振り返る面接だったのが、あなたにいろいろアドバイスする面接に変わってしまって、私はいつの間にか役割がわからなくなっていたし、いつの間にかこの面接がどこへ行くのかわからなくなっていたということが、まさに繰り返されていましたね〉ということも言えたかもしれないですね。

　生育歴というよりも、いま、ここで起こっていることのなかから摑んでいく方が大事だと思うので、生育歴を聞こうということを治療者が考えるときは、治療者が方向を見失っていることのあらわれのようにも思います。彼女が割といい反応をしたことに私は希望を感じます。発表者はこの解釈をけっこう頑張ってしましたよね。こ

の頑張りが実を結んだわけですね。つまり大事なことは、解釈するという「頑張らなくてはいけない」圧力のなかに押し込まれるのは仕方ないけれど、「頑張ったこと、伝えたことが相手にどのようなインパクトを及ぼしたか」をみることですね。

　私があなたなら、こうしたいい素材を出したことに対して、嬉しいと思います。この嬉しさ、充足感はおそらく倒錯的なものではないし、彼女が違う満足の可能性を帯びているという感じがして、それをベースに、では一緒にやっていこうと自然に思うと思います。そこで具体的に何かを差し出す必要があって、それが設定であって、精神分析的な設定を差し出すということを考えますね。患者が明らかに反応しているとき、その反応していることに発表者は前意識ではピンときていると思いますが、意識的にはどうでしょうか。

**スーパーヴァイザー**　いまのところは確かにいちばん手応えを感じるところですね。発表者はどのように感じましたか。

**発表者**　どう感じたか。意味ある反応という感じはあまりキャッチしてなかったと思います。

**スーパーヴァイザー**　むしろ、どのように感じていたのでしょう。

**発表者**　この面接も切ってしまいたいのかなという方向に考えたように思います。確かに、けっこう頑張ったのですが。

**スーパーヴァイザー**　相当、頑張ったと思いますね。彼女の人生において、このいつの間にかというのはつまり、"ミクロな解離" と言っていいと思いますが、彼女が主体的にものを体験する度合いを減らして何かに巻き込まれていくことをしているのだろうと思います。そこの部分をよく捉えていますね。

　自分が頑張ったのなら、その後の反応は、その頑張りとの流れで見る必要がありますね。先ほど、もうひとりのスーパーヴァイザーも言っていたけれど、ここは手応えのあるところなので、手応えのあることに対してそれをキャッチできないと、せっかくの手応えは意味がなくなってしまいます。精神分析的心理療法がまったくできないタイプの人ではないのだろうと感じました。発表者が自分が伝えたことの反応をみるという基本的な癖がまだついていないのかもしれません。しかも最後で、この2回での面接で生育歴全体を聞くことができなかったと言っていますね。これは生育歴全体を聞くものではなく、設定を決める面接なのですよね。

**発表者** 立ち返りたかったのだと思います。

**スーパーヴァイザー** 立ち返ることはもうできないですよね。だから、ここでもう一度、「いままでを踏まえて何をすべきか」ということを決めるための特別な2回だったのではないでしょうか。

　私なら、いつの間にか背負わなくていいものまで背負わされてしまい、そして努力して疲れてしまい、そして人生が歪んでいく、変質していくということに、あなたは少しは気づいているけれど、それを繰り返さないために、ここで何かをしていくことはできるかもしれませんねと言うかもしれません。この解釈はよかったと思います。

**発表者** 辛うじてこころに引っかかっていたものを何とかかき集めた感じでした。

**スーパーヴァイザー** 理想的には、〈いま一生懸命かき集めなければこの話ができないくらい、あなたと一緒にいることは難しいですね〉と言えればさらによかったかもしれません。もっと、いま、ここでの解釈になりますね。結局2回のセットアップと言いながら、結論は出ていませんが、これからはどのように考えていますか。

**発表者** どうしようかなと。

**スーパーヴァイザー** 〈2回のセットアップで結論を出そうと思ったけれど出ませんでしたね〉とするしかないですね。「あのあと私はこう考えました」ということを言ってもいいのかもしれない。治療者が主体的に決めて特別な面接をして何かをすると言ったのにそれが成果を結ばないことは、結局、患者にとって不安の種になります。「一生懸命やると言った割には結局ダメなんだ」と。「もしかしたら自分がまたいつの間にか治療者を変にしてしまったのだろうか」と患者の無意識はそう感じるのかもしれない。やはりここはもう一回、やるしかないのではないでしょうか。

　前の2回を振り返って最後に結論が出なかったことを、彼女とシェアした後で、あの後、私はこういうふうに考えましたと。先ほどメンバーが言っていましたが、発表者が「してあげたい」ことを先回りして考えるような人になっていますが、面接の機能や成果をシェアして、一緒に考えましょうというスタンスに常に戻していく必要がありますね。

**発表者** 確かに自分ばかりが考えていて、シェアしていなかったと思

います。「あなたはどうしたいのか」というところに触れずにきてしまっていたようです。いま、踏ん張らないとまた同じようなことが続いていくのだろうと思います。

**スーパーヴァイザー**　彼女は解釈に対していい反応をしていると思います。

**発表者**　それをキャッチしてないというか、そうしたことができていないのかもしれないですね。

**スーパーヴァイザー**　どうせ私の言ったことなんて大したことないと思ってるのかもしれないですね。患者は自分のことだから考えられないのです。もっと自分の介入をリスペクトする必要があると思います。過信する必要はまったくないですが、とても大事なことだと思います。

## 発表者の感想

　今回、グループでのディスカッションを通して、やはり面接構造の変更の意味をよく考える必要があると再認識した。特に、彼女のニーズを明確にしないままに時間を与えるという、面接の進め方や意義が共有されない状態での構造変更になっていた点は重要である。構造を変える度にそれなりの理由づけをしながらも、「なにか良くないことが起こっている」感覚は払拭できていなかった。

　ディスカッションのなかで指摘されたとおり、私が患者との関係性において、区切りや切れ目をきちんと作れない、あるいは意識していないことが浮き彫りになったと言えよう。それは、彼女についてきちんとわかるまで、「わからない」という姿勢を貫けていない、どこかわかったような感覚で進んでしまっているという在り方にも通じるものだろう。区切ることや、わからないと伝え続けることの必要性を意識的には感じながらも、実際はできていなかった。これについて考えてみると、区切ることやわかるまでわからない姿勢を貫くことに対して、私自身が罪悪感に似た気持ちを持っているように思う。これは今回、提示した患者に限らないと思え、ディスカッションのなかでも指摘されたとおり、「よい治療者でありたい」という私自身の万能感がはたらいているのであろう。万能感を抑える重要性について知的には理解しつつも、うまく自身の万能感と付き合えていない点については大いに反省したい。

　同時に、本来の在り方からかけ離れたかたちに他者を変形させるだけの力を、彼女が持っている可能性についてもやはり考える必要はあるだろう。そして、私が万能的に彼女を受け入れていたあり方は、自身の限界を超えたところまで他者の問題に介入して疲弊する彼女の姿とそっくりである。彼女の行動に制止をかけようと躍起になっていた頃から、結局、私のやってい

ることは彼女と変わらないし、彼女の行動を止めるための介入もお門違いなのではないかと思っていた。私と彼女がそっくりになっていることに気づいてもいたのだと思う。ある意味、彼女と私との境界が曖昧になっていたとも言えるかもしれない。だとすれば、今後、彼女自身の万能感というテーマが浮上してくる可能性がある。

　そして、区切りのない構造変化、わかる、わからない、私と彼女、そしていつの間にかといういずれもが、曖昧な境界という問題と捉えられるように思う。彼女が初期に語った、「自分が自分として生きる」ためには複数の意味での「境界」が必要なのかもしれないという連想が湧いた。また私自身のあり方と彼女のあり方が似た部分として、この面接を続けるか終わるかという二択に思考が陥っている点も挙げられるだろう。ディスカッションのなかでも続けるか終わるかという観点があった。これは程よい関係を持てない彼女のあり方が治療やディスカッションの場に持ち込まれたとも考えられるかもしれない。

　指摘されてもう一つ印象的だったのは、自分の解釈や彼女の反応をよいものとして位置づけられていなかった点である。解釈してその反応を見る癖がついていないという私の限界によるところはもちろんあるだろう。同時に、面接のなかで体験していた不全感や無力感に私はすっかりと飲み込まれてしまっていて、それによって彼女の資質や健康なこころすらも、見落としていたのかもしれない。
　面接の目的が曖昧になりがちな状況において、改めて治療同盟を結ぶためには、彼女の健康な部分に目を向けることはとても大切なことであろう。彼女の語る刺激的な話に目を奪われると、そっとあらわれる彼女の健康な部分をどうしても見落としがちである。ただ、私が彼女との面接を続けたいと思う気持ちは、果たして彼女に動かされての倒錯的な気持ちだけなのだろうかとも思う。もしかしたら彼女の健康な部分を前意識的に感じていたのかもしれない。改めて自身の介入やそれへの彼女の反応を大切にする癖をつけたく思う。特に彼女からのポジティブな反応に対して、裏を読もうとする傾向がある。一旦は彼女

の言葉を字義どおりに受け取る必要があるかもしれない。

　今回のグループのディスカッションでは、自身の万能感や見落としている部分など、指摘されると苦しくなる話題が多かった。しかしそれ以上に、さまざまな視点から意見を聞くことでこれまでとは異なった見通しが立つ感覚があったし、私自身が感じていたさまざまな情緒の言語化を手伝ってもらった感覚もあった。

　いまだ、彼女の訴える体調不良や遅刻、キャンセルといった行動の意味など、ディスカッションできていない部分は残っている。そして彼女の行動化に対して私も行動を返していたところがあったため、これを本来の心理療法のあり方である言語でのやりとりに向かわせるという仕事もある。これにはふたりのコミュニケーションのかたちや、これまで伝えていなかった私自身の連想をきちんと言葉にして伝えていく作業が必要なのだろう。一人でこれらの問題に立ち向かっていたら途中でへこたれてしまっていたと思うが、グループが終わったときにはもうひと頑張りできそうな心持ちであった。

　面接が続いていくなかで見失っていたスタンスや目的、そして彼女と私自身の境界を改めて意識する機会となった。また、私自身がグループに抱えられたように感じられ、それが考える機能を持ち直すことにもつながったのだろう。困った感覚を抱きながらも、これまでは彼女との面接をケース検討の場には出さなかった。それこそが二人の関係性に閉じこもって倒錯的になっていたことの証左かもしれない。今回のグループは、さまざまな意見をもらいケースについて風通しを良くする大切さを改めて感じる体験となったように思う。

## スーパーヴァイザーのコメント

　心理療法のプロセスのなかで治療構造を変更し、また今回改めて、アプローチを変更する必要を感じ、それを見極めるために設けた面接の提示である。発表者の焦り、もどかしさ、憤りなど、苦戦した様子がとてもよく伝わってくるものである。
　アプローチの変更を考えること自体、あまり表立っては語られないが、実際の臨床では少なくないことのように思う。最初から分析的な心理療法を導入できるケースは、十人に一人、いや、二十人に一人と言ってもよいだろう。だからこそ、もう一度、構造の変更やアプローチの変更について、改めて考えてみたいと思うのである。

　実際、心理療法が開始されてからの治療構造の変更、具体的には面接の頻度や時間を変更することの患者に与えるインパクトは、私たちが想像する以上に大きい。アプローチの変更についてはなおさらである。
　それは、友人として隔週で会っていたのが、恋人として毎週で会うことになるくらいの変化だ、と言えば想像しやすいかもしれない。大きな変化である。よって、ディスカッションでも触れられているように、今回のこの面接が、今後のアプローチを考えるために設けられているということを面接の最初の段階で、患者に明確に示す必要はあるだろう。
　発表者は感想の最初の部分で、"区切りや切れ目をきちんと作れなかった"、"姿勢を貫けなかった"と自身の治療者としてのあり方を振り返っている。続いてそれは、発表者自身の罪悪感と万能感にもとをたどるとし、自身の限界を超えたところまで他者の問題に介入して疲弊する患者の姿と重ね合わせて考えている。さらにそれを、いつの間にかというキーワードをもとに「境界」という視点を見出し、考察を深めている点は、発表者の豊かな発想がうかがい知れるところである。

この部分を読みながら、ある連想が浮かんできた。発表者が表現している"区切る"、"貫く"という機能についてである。これはまさに父性的な機能であることに疑いはないだろう。発表者が健康な父性的機能を果たしにくくなっているそのあり方は、自身が彼女の父親のようになってしまう恐れからきているのだろうか。この点については、発表者がこれまでの彼女への関わりが、「制限をかけ続けた父親と同じ」であると感じ、それに"迷い"を抱いていたことからも想像できる。あるいは、発表者がこころのなかではもどかしさや苛立ちを感じながらも、いつの間にか彼女に流されてしまうあり方は、相手に迎合するだけの従順な母親になっていることのあらわれだろうか。さらに、今回のディスカッションでは触れられなかった遅刻やキャンセルに関しては、発表者が、彼女を構造のなかで抱えられない母親となっているということなのだろうか。
　発表者の健康な父性的・母性的態度が混乱し、維持しにくくなっている理由は（もちろんそれ自体、転移によるものであるが）、彼女の「父親」対象と「母親」対象が分化されていないことに起因するのかもしれない。つまり、彼女の描写する父親像と母親像は、「強権的な父親」と「従順な母親」、それ以外の記述は「父親からの反感や暴力」のみであり、その後の描写は「親」、「両親」と本来、別のふたりの人間が一緒くたになって語られているのである。
　長い治療経過のなかでは、彼女が父親と母親についてさまざまに描写してきた可能性はあるだろう。しかしそうだとしても、重要なことは、発表者がその描写をそぎ落としているという事実である。彼女との関わりのなかで、すなわち、彼女と発表者の転移-逆転移のなかで、そぎ落とすことになる必然性があった結果なのだろうと想像する。発表者の健康な父性的・母性的機能が果しにくくなっているのは、この分化されていない彼女の「親」対象からきているのかもしれないし、発表者の「境界」という視点は、「父親」と「母親」の「境界のなさ」にも通じるものなのかもしれない。

　次に、ディスカッションでも話題になり、発表者も感想で触

れている、"自分の解釈や彼女の反応をよいものと感じられなかった点"について、改めて考えてみたいと思う。発表者が苦しみの末、ようやく生み出したいつの間にかというキーワードを含む解釈を、発表者が、インパクトを与える"よい解釈"だと感じられなかったという点である。発表者はそれについて、"解釈してその反応を見る癖がついていない"ことを主な理由として挙げている。確かに、それはもっともなことかもしれないが、そもそも"よい解釈"とは何だろうか。

　少なくとも、私の考える"よい解釈"のひとつとは、いままで考えたことがなかったような、これまでの人生で誰も言ってくれなかったような考えや感覚をもたらすようなものである。そしてその解釈が"よい解釈"かどうかは、患者の反応を通じて、場合によってはもっと後になってから、事後的に判断されるものであろう。この"よい解釈"に呼応するかのように、患者は、新鮮な素材、つまり、いままで語られなかった新しい素材を語るかもしれない。今回はその典型的な反応であろう。

　ただ、"フレッシュなもの"を"フレッシュなもの"として感じられなくなっている今回の事態を考えると、治療空間に遊びの感覚が失われ、自由に感じもの想うことができない窮屈な場となっていることが想像できる。ここには、アプローチの変更の可能性に対する発表者の緊張感は当然のことながら、発表者が感想で触れている、"私自身のあり方と彼女のあり方が似た部分として、この面接を続けるか終わるかという二択に思考が陥っている"可能性があるのかもしれない。あるいは、私たちが、"よい解釈"と"正しい解釈"を混同しがちであることも関係しているのかもしれない。何が"正しい解釈"かは、結局は誰にもわからないものであり、"正しさ"を求めること自体が、治療の場を窮屈にさせることは往々にしてあることだろう。

　ディスカッションでは、スーパーヴァイザーの多くのコメントに、発表者が実際、どう感じたのかが若干気がかりであった。発表者が、スーパーヴァイザーに少し押され気味であり、スーパーヴァイザーというある種、「強権的な父親」と、発表者という「従順な母親」が、具現化されたのではないかと感じたから

である。

　しかし発表者の感想では、スーパーヴァイザーのコメントを意味あるものとしてコンテインし、そのコメントと自らの考えとを対話させることで新しい理解を生み出し、それを自身の考えとして言葉にして表現するという発表者の姿勢が感じられた。これは、患者の持ち込んだものを自身のこころで感じ、自身のこころと対話させ、そしてそれを解釈として伝えるという臨床の営みと重なるものである。臨床はこれの繰り返しであり、時に（まれに）その解釈によって"フレッシュな反応"が返ってきた際、私たちはそれに喜びを感じ、またその孤独な営みを続けていこうと、こころ新たにするのだろう。

**Q** 心理療法の途中でアプローチの仕方を変えてもよいのでしょうか。またその際、何をもとに判断し、どのようなことに気をつければよいでしょうか。

**A** 結論から先に申し上げると、心理療法の途中でアプローチの仕方を変えることが、"よいか悪いか"ということではなく、"ケースによっては、心理療法の途中でアプローチを変える必要が出てくるかもしれない"ということだと思います。

　まずは心理療法の始まりから考えてみましょう。私たちは通常、心理療法を始めるにあたって、インテーク面接、そしてアセスメント面接をおこない、その時点で患者の見立てをおこないます。そしてその見立てによる実際の介入は、臨床の場によって大きく変わるでしょう。臨床の場が医療機関以外である場合、例えば教育現場や開業の場などであれば、投薬や入院が必要であると判断すれば、迅速に医療機関にリファーすることが求められます。すなわち、まずは「その臨床の場で心理療法をおこなえる人なのかどうか」という見立てが必要となります。

　次に、心理療法を導入できそうであると判断した場合、さまざまなアプローチのなかでどのアプローチが最もその患者の役に立ちそうであるかを見立てに基づいて判断します。私たちはもちろん、さまざまなアプローチを身に着けておくことが望まれますが、もし患者にとって最も役立ちそうなアプローチを自身が行えそうにないと感じた際には、無理に引き受けず、そのアプローチを専門としている他の治療者や専門機関を紹介するという選択肢をもっておくことも大切です。

　その患者にとって最も役立ちそうなアプローチを自身が行えそうだと判断した際には、それを患者に提案し、患者がそれを受け入れた時点で、ようやく治療面接が始まります（もちろん、インテーク面接やアセスメント面接

も治療的な意味合いをもちますが、ここではもう少し厳密にこの言葉を使用することにします)。特にまだ臨床経験が浅い治療者の場合、「早くケースを担当したい」「心理療法をやりたい」という気持ちがつい先走ってしまい、すでに初回のインテーク面接で、暗に今後の面接の"継続"が前提として示されているような発表を聞くこともありますが、特に心理療法を初めて受ける患者にとっては、そもそも心理療法がどのようなものなのかわからないものです。また場合によっては、アセスメント面接で患者に、家族歴、生育歴を丁寧に聞くことである程度、落ち着く患者もやはり実際に存在するのです。こうした患者を"無理に"心理療法に引き込むことは、倫理的にも問題が生じるでしょうし、慎重な判断が求められるところです。

　さて、少し前置きが長くなりましたが、心理療法の途中でアプローチの仕方を変えることについて、具体的な例をもとに考えてみましょう。ある治療者がある患者に対し、アセスメントにより、認知行動療法が最適なアプローチだと判断したとしましょう。そのアプローチに患者も同意し、治療面接が始まります。ところが、最初はスムーズに進んでいたように思われたのですが、ある時点から治療者は、患者がもっと根本的な困難を抱えており、そこに触れずには先に進めないのではないかと感じ始め、実際、認知行動療法も次第に行き詰まりを呈しました。この場合、私たちはどのようなことを考える必要があるでしょうか。

　しばらくは様子を見ながらもう少し続けてみるといった選択肢は、もちろん第一に考えることでしょう。行き詰まりを呈することはよくあることです。というかむしろ、治療に行き詰まりが起きないとしたら、それこそ何かまずいことが起きていると考えてよいと思います。どのアプローチを選択したとしても、です。ただ、しばらく続けていても、それでも事態が一向に変わらないとき、患者にいまの状況について、またこの治療についてどのように感じているのかを聞いてみるということはあってもよいかもしれません。そのとき、その患者も同じように、もっと根本的な自身の問題を感じ始めていることがわかった場合には、治療者も自身の考えを伝え、違うアプローチを考え始める流れとなるでしょう。またある患者に対し、その時点では支持的心理療法こそが最適なアプローチだと判断し、そのアプローチで進めていった場合も、基本的には同じような流れになると思います。

今回は特に、以下の場合についてより具体的に考えてみましょう。

本当は支持的心理療法ではなく、精神分析的心理療法、つまりもう少し深い関わりをしないと難しいのではないかと感じられる一方で、いまの時点で患者の側にまだそれを受けるだけのこころの素地が整っておらず、すぐに導入するのは控えた方がよいと判断される場合です。まさに今回のケース3のような場合がそれにあたるでしょう。

そのような場合、やはりしばらくは支持的心理療法をおこない、患者の様子をみていくことが第一選択となるでしょう。支持的心理療法で落ち着く患者も多いというのも事実です。もう少し深い関わりが必要だと最初に判断された場合でも、意外と支持的心理療法の方が合っていたと考えられる場合もあります。やってみないとわからないというのは、まさにこのようなことが起こるからです。

一方、長期間、続けてはみたものの、支持的心理療法ではやはり難しいと感じられた際、私たちはどのようなことを考えればよいでしょうか。

私が考えるひとつの方法は、よく言われることかもしれませんが、患者に、いま-ここでの解釈、転移的な解釈を試みに伝えてみるということです。もしその時点で精神分析的心理療法ができるこころの素地が整っていた場合は、その解釈に対して、手応えのある反応を示すことが多いでしょう（それは単に、私たちがした解釈に患者が肯定するということではありません）。そして何度かそれを試み、何らかの手応えを感じたときに初めて、精神分析的心理療法を提案し、患者の同意を得て導入するという流れとなります。

しかし、先のスーパーヴァイザーのコメントでも述べましたが、アプローチの変更は患者にとっては私たちが想像する以上に大きなインパクトを与えるものです。アプローチを変えたことによって生じるであろうさまざまな空想、そして不安について、さまざまに思いめぐらせ認識しておく必要はあり、それらが確かに感じられた際には、ひとつひとつ丁寧に触れていくという姿勢が求められるでしょう。

## ケースの概要

　専門職として働く20代の女性。彼女は男らしいが精神的に弱い父親と、マイペースで情緒不安定な母親のもとで育った。彼女は父親を慕っており、一方で母親の相談役にもなっていた。彼女の母親は一方的に自分の思いを押し付けるような人で、そのマイペースな言動は、彼女を悲しませたり辟易させたりしているようにみえたが、彼女は母親への感謝を繰り返し強調した。
　彼女は過度に真面目に学生生活を送り、友人と遊んだり恋愛をしたりすることとは距離を取っていた。彼女はこれについて「幕を下ろしていた」と表現した。大学卒業後、専門職として就職したが、数年後、男性の部下のいい加減さに巻き込まれ、情緒不安定に陥った。それによって仕事に支障をきたしたため、面接を希望した。

　アセスメント面接で彼女は、「仕事は、自分の能力の低さのためにうまくいかない」と自罰的な言葉を繰り返した。彼女がすべて悪いのだろうかと思われるエピソードもあり、彼女の言葉に違和感を抱いた。何とか仕事を続けていきたいと訴える彼女に、私は自罰的な彼女のあり方に生きにくさがあるのではないかと伝え、それについて考えることを共有し、面接を継続することにした。

　面接初期からずっと彼女の自罰的な話が繰り返された。彼女は件の部下の問題行動や勝手な言動にしんどさを感じているようだったが、それらはすべて「私がもっときちんとできていればうまくいくはず」という文脈で語られた。自己犠牲的な発言はさまざまな内容に及んだ。彼女の会社への過度な滅私奉公ぶりは際立ち、すべての仕事上の問題を自分のせいだと責めた。そして仕事の予定だと言って、当日キャンセルが繰り返された。彼女は上司や職場の指示を忠実に守り、割り振られた仕事は一切断らず、そして件の部下には過度に気を遣っていた。

面接でも私の解釈を肯定し、それについて熱心に考える姿が見られ、当初、私は面接が非常にうまくいっていると感じていた。しかし、面接開始半年後は、うまくいっていると強く感じること自体、むしろ何かおかしいのではないかと感じ始めた。

　あるセッションで彼女は、面接が始まるとすぐに仕事の用事を思い出したと言って、面接室を出てしまった。私はこの瞬間、激しい動悸を感じ、やはり何かおかしいことが起きていると実感した。部屋に戻ってきた彼女に〈部屋を飛び出したり、当日キャンセルしたりすることが、まさにあなたの言葉では言えないしんどさをあらわしているのではないか〉と伝えると、彼女はよくわからない表情を浮かべた。
　その後も『自分が悪いのです』というエピソードを繰り返し、私は苛立ちと辟易した気持ちが増していった。「本当は相手に対して苛立ったり怒ったりする気持ちを抱えていること、一度そうした気持ちを認めると、自分のなかから溢れ出てくる怖さを感じているのかもしれないと伝えた。しかしこうした解釈は否定されるか、私に気を遣うように実感のないまま同意されるだけだった。
　しかし、怒りや苛立ちの感情を出すと周りから排除される不安を抱えているのではないかと伝える中で、彼女は次第にその不安を考えられるようになっていった。彼女は他者に迷惑をかけることを強く恐れており、迷惑をかけないからこそ自分は生きていてよいのだという思いを小さい頃から抱いていたことを想起した。私との転移関係のなかでも、彼女はよい患者として振舞い、語られない辛さは仕事を調整できずにドタキャンしてしまうというかたちで表現された。そうした行動化の背景には、言語化できないが辛いし助けてほしいと感じている彼女がいるということが共有されていった。この理解が深まるなかで遅刻や当日キャンセルは減っていった。
　治療が始まって3年が経つ頃には、職場で自己主張することや、よい意味での手抜きや気楽に考えることができるようになっていった。そう振舞うことで不安が喚起された部分もあったが、過度に振り回されることもなくなり、職場での不安定さはかなり改善した。加えて、これまでは表面的に語られていた私生活に、少しずつ充実感を抱くようになり、友人との楽しみを情緒的に語り、また「恋愛、

結婚をしたい自分」を見出していった。

　その後、彼女は私生活の予定を優先し、面接を事前にキャンセルすることが増えていった。そして今回発表する数回前の面接で、彼女は仕事を理由に、面接の頻度を減らしたいと訴えた。私はどこか「やっぱり」と感じる一方で、彼女に見捨てられたような孤独感を抱いた。ただこの時期を一つ区切りに終結へ向かうことも考え始めてもいいのかもしれないとも思った。しかしどこかこの治療のプロセスに違和感もあり、今回、提示することにした。

## プロセスノート

#205 時間ちょうどに来所。彼女は、職場の会議で意見を言ったのだと話し始めた。今度、仕事関係の会合が開かれるが、ある上司が、部下が会合の中で職場の情報を外部に漏らすのではないかと心配だと発言したことに対し、彼女は"信頼されていない"と感じて、「それくらい配慮できます」という主旨の意見を言ったということだった。彼女は頼れる人はいないと諦めたように呟いた。

最近のキャンセルも踏まえ、この頼りない人とは私のことでもあるだろうと思い、〈ここでも私が頼りにならないと感じて、頻度を減らしたいと思ったり、キャンセルが多くなったりしているのでしょう〉と伝えた。彼女は、『しばらくは週末に予定が立て続けに入り、面接を休むため、頻度を減らすことは考えなくても大丈夫（このセッションは週末に設定されている）』と言い、来週から連続5回ほど友人や異性との付き合いのために面接をキャンセルしたいと話した。私は、そのキャンセルの多さに呆気に取られたが、怒りを感じることもなかった。やはり私を捨てて、他の男性を求める動きがあらわれているのではないかと感じる一方で、これまでは仕事以外の楽しみが皆無であった彼女を考えると、ポジティブな変化なのかもしれないとも感じた。

私は〈面接を終わりにしてもいいのではないかと感じ始めているようですね〉と伝えると、彼女は、『少しだけある』と肯定し、今後も悩むことがあると思うが、周りに助けを求めることに対して不安がなくなっていると述べた。彼女の話す雰囲気は、ある程度納得のできるものであったが、やはり一貫して表面的なやりとりに終始している感じを抱いた。私は、〈一方で、ここ最近のあなたのキャンセルは、恋愛関係を築きたいという話が出てきてから増えているようです。私が頼りないと感じたり、異性の話を私に話しにくいと感じ始めているように思います〉と伝えると、彼女は、『そうかもしれないけれど』と言葉を濁した後、異性関係のことは一人で頑張りたいと話した。私は〈恋愛関係の話をすること

が私にどう思われるのか、不安なのかもしれません〉と伝えると、彼女は、『どう話していいかわからない』と言い、"秘密が暴露される不安"を語った。

　私は、私にも頼れないと感じて、諦めることでここから離れようとしているのではないかと伝えると、彼女は、『（頻度を減らすことについて）いま、先生が言われたことも確かに関係しているのかもしれない』と言い、しばらく沈黙した。〈あなたはここに依存し過ぎることが怖いのかもしれませんね〉と伝えると、彼女は肯定しつつも、友人にも話せるようになり、話すことに前ほど怖さを感じなくなったため、ここに頼らずやってみたいと答えた。

　彼女は、『じつは今日も、男に頼らずに生きていこうと考えた瞬間があって、でもそれこそが、私の問題かなと思う。表の世界に上がり続けていないといけないとか』と話し、終了時間を迎えた。

#211　（治療者の休み1回と、彼女のキャンセル5回分の期間が空いた）

　彼女は先週も、急遽キャンセルしたことを詫びた。そして最近、周りの人には期待せずに生きていこうと話していたが、それは違うのかもしれないと思ったと話した。彼女は、頼りになる自分というものが一番の価値であり、むしろ頼れる人がいたらそれは自分を不安にさせるのではないかと思ったと語った。

　そして彼女は、ある案件で上司と部下の板挟みになり、イライラして感情を表に出してしまい、とても後悔していると話し出した。私が、〈感情を出すことがとても不安なのですね〉と言うと、彼女は、感情を出すと相手に嫌な思いをさせてしまうと思うから感情を出さないようにしているのだと話す。さらに、『相手に感情を見せることを恐れないようになりたい。最近は以前のように愛想を振りまくことができなくなってる。自分に感情を出すことを認めてあげないと、こころが生きていけないと思って』と話す。私はこのキャンセルの間に、何か重大なことでもあったのだろうかと、彼女の話していることについて行けない感じがした。

　彼女は『だけど、難しいんです。感情を出すということは嫌われるかもしれないということですし。だけど、感情を出さないと

人と深く交わることはできない。どうすればいいんだろうって』と言って、笑う。そして、これまで誰とでもうまくやることを求めていて、それなりにできていたが、結局、深い付き合いはできていなかったと語り、涙ぐむ。私が、〈誰とも深くつながれていない、そのことに気づくことは辛いことだったでしょうね〉と言うと、彼女は肯定し、自分の悪いところをはっきりと言う友人について、始めは嫌いだったが、いまは貴重だと話した。私が〈きっと始めは、ここでも酷いことを言われていると感じていたのでしょうね〉というと彼女は肯定した。私は、頼ることにアンビバレントになっている文脈のなかで、この面接を今後どうしたいと思っているかと尋ねた。

彼女は少し沈黙してから、『ここに来るようになって、自分の気持ちを少しずつ出せるようになって。人に頼りたい気持ちが出てくるようになったので、それはよかったと思います。ただ自分の人生をこれから歩んでいけるかというのは不安です』と語る。私が、〈ここにいつまでも依存し、通い続けるわけにもいかないと感じている〉と言うと、彼女は『「私には先生がいるからいい」と思って、それが逃げになってしまうのではと思うこともありますね』と語った。

私はこのとき、驚きとともに彼女が本当にこの面接を求めていたのだと実感した。そして、最近のキャンセルは私の代わりになる新たな対象を探す行動なのだろうという確信に近い思いを抱いた。私がそれを伝えると、彼女は肯定し、『そう思わざるを得ないですね。深いつながりを求めていると思います』と答えた。

一方で彼女は、この曜日だとキャンセルが増えることは確実だし、そうなると私の経済状況に影響を与えるのではないかと心配だと語る。私が、〈あなたはやはり、自分が大切にされているかどうかは二の次になっているんですね〉と伝えると、あまりピンと来ていないような表情を浮かべた。まずはこの曜日の同じ時間で継続することを確認して面接を終えた。

> ディスカッション

**スーパーヴァイザー**　では、みなさんいかがでしょうか。

**スーパーヴァイザー**　なんだか最初の方から、じわじわと苛立ちが感じられましたが、みなさんはどうでしたか。発表者はどのように感じたでしょうか。

**発表者**　苛立ちはとても強くありました。特に初期の頃は。「もっと周りに対して怒りを出せばいいのに、本当はあなたも怒っているはず」という思いが強く、そのような介入ばかりになっていました。けれど、それだけではまずいなとも思いも始めて。彼女が怒りを出せないストーリーを理解せずに、最初の頃は乱暴な介入ばかりしていたと思います。

**スーパーヴァイザー**　面接中に、仕事の用事で面接室を出ていくことや、キャンセルの仕方など、このあたりはどのように感じられましたか。発表者は彼女が面接室を出て行った際のエピソードについて、動悸がしたと言っていましたね。

**発表者**　そうですね。焦燥感というか、動悸がしました。

**スーパーヴァイザー**　時間を確保して会っているのに、患者が部屋を出て行ってしばらく帰ってこないという事態ですね。

**メンバー**　えっ？と思いますね。

**メンバー**　私だったらかなり苛々します。

**スーパーヴァイザー**　それがむしろ普通の感覚かもしれません。そういう感覚がどこか抜け落ちてしまっているようですね。

**発表者**　確かに。

**メンバー**　彼女は発表者のことをコントロールしたいのだろうと思いました。普段は、彼女は周りから軽んじられているのですよね。何を頼んでもすべて受け容れてくれるというのは、何も抵抗しないということですよね。でもこの面接では自分を出していて、発表者をコントロールできる状況で、発表者を自分の都合で振り回しているような。

**発表者**　さきほどスーパーヴァイザーの、彼女に対する自然な苛立ち、普通の感覚が抜け落ちているというコメントを聞いて思ったのは、私自身が彼女と深い関係になることを無意識的に避けていたの

かもしれないということです。彼女が女性的になってきたことを扱わなかったり、キャンセルが続いたことに関しても怒りが出てこなかったりしたこととも関係があるかもしれません。深いつながりがあれば、キャンセルが続いたことに対して怒りを感じたり、この面接のことをどう思っているのかと苛立ったりしたと思うのです。そこまで深い関係になれていなかったように思います。だからキャンセルを繰り返して離れていく彼女を尊重しないと、と思っていたのだと思います。つまり、彼女がいかにこの場を求めているのかということに気づけず、受け取っていなかったので、介入できなかったのだと思います。

**スーパーヴァイザー**　私は"弱い父親"転移を想像します。面接室を勝手に出て行く彼女をつかまえられない弱い父親を発表者に投影同一化している。そのような状況が起きているように感じます。

**発表者**　確かにそうですね。

**スーパーヴァイザー**　そのような"弱い父親"の問題をある程度やり通した後でないと、異性と関わることは難しいのではないかと思いますね。いまの展開だと、ただ発表者から離れただけになってしまう気がします。

**メンバー**　私は最初の方から、彼女は"役割"にずいぶんこだわるなと感じました。"弱い父親"の問題をやり通してからでないと、というスーパーヴァイザーのコメントに関してですが、発表者との情緒的な関係に深く入らないための口実として、彼女は外に出て行っているように思いました。彼女の「幕を下ろしていた」という言葉も、幕を上げるためには何か"役"が必要だろうとも。面接中に面接室を出ていったエピソードも、彼女は仕事の"役割"を優先しているということですし、発表者が彼女の女性的な変化に触れられないのも、発表者の"役割"を示しているような。互いに役割にこだわっていて、彼女の在り方が面接室でも展開しているように感じました。"役割"を盾に、情緒的交流を避ける状態が続いていたのではないかと。

**スーパーヴァイザー**　彼女は"情緒的な深いつながり"を確かに求めてはいますが、1セッション目（#205）の「職場の内部の話を外に出さないように」というエピソードですが、これは結局、彼女のこころのなかのことを話しているようです。彼女は、自分の感じている

本当のことを発表者に話していないのかもしれないということです。感じていることを話さないと、私たちも向き合おうという気持ちにはなれないですよね。もちろん、話せないというその気持ちも大切にしたいところですが。言葉も多く重ねて話してはいるのだけれど、彼女が本当に感じてることや体験していることを話していない感じがします。

**発表者**　何か本質的なことを話していないと感じることはあります。

**スーパーヴァイザー**　それを察して欲しいと思っているかもしれないですね。でも察して欲しいというだけでは本当には相手に伝わらないということを、彼女が納得しないといけないのだろうと思います。「言わなくてもわかって欲しい」といった気持ちのままで、きちんと治療者に伝えられないというところはあるのでしょう。

**スーパーヴァイザー**　そのあたりは少し哀れな感じもしますね。

**発表者**　そうですね。確かに、彼女としっかりつながれたと感じたのは私が察したときだったと思います。表面的なことしか言えなくて、でもその背景には本当はとても困っているあなたがいるのですねという介入です。彼女は大した話ではないように話すのですが、そうすることによって私に負担を与えないようにしていたと思います。〈周りに迷惑をかけないあなたの背景には、「もうどうにもならない、助けてよ」と言っているあなたがいて、あなたは「そこに気づいて欲しい」と思っているのだと思う〉という介入をしたときは、彼女のこころに触れた感じがありました。でもそれは、いま話した出来事についてだけだったと思います。なので、スーパーヴァイザーがコメントしたようにきちんと話していない部分があって。本当は何が起きているのだろうかといった手応えのなさをずっと感じています。

**メンバー**　逆に私は、発表者は察する介入がかなり多い印象を受けました。そうした介入ばかりで大変だっただろうなと。異性との関わりの話についても察するような介入をしていて、彼女に語らせていないような印象を受けました。質問できないような関係があったのだろうかと。

**発表者**　あぁ、なるほど。

**メンバー**　互いに相手に配慮して、表面的な関係に留まり続けてしまうあり方に、発表者が巻き込まれているように感じました。

**発表者** 治療が開始された頃はもっと質問していたのです。仕事上の細かい話を明確にして、そのうえで、彼女に本当に責任があるのだろうかと言及していました。でもそうして現実の話を明確にして広げていくことで、余計に表面的な話に終始するのではないかなという思いがあって、そのために少しずつ質問しなくなっていったように思います。

**メンバー** 事実を確認していくような質問ではなくて、例えば、申し訳なさや罪悪感などの彼女の気持ちをもう少し知りたいと思いました。

**スーパーヴァイザー** それは難しいところですね。申し訳ないとか罪悪感については、語りにくいかもしれませんね。

**発表者** そうですね。彼女はキャンセルをしても、そのことに触れないのです。罪悪感とか申し訳なさなど。ただ、彼女には非常に強い罪悪感があるのは確かだと思います。あるセッションで、〈あなたはどこから来るのかわからないけれど、非常に強い申し訳なさのようなものを抱えているようですね〉と伝えたとき、『それは本当にそうです』と言っていました。

**メンバー** それがどこから来るのだろうと疑問に感じます。あとはこの面接がキャンセルされた1ヵ月半のあいだに何があったのだろうと気になりました。彼女はおそらくこの1ヵ月半、いろいろ考えて話したのだとは思うのですが、発表者は介入していませんよね。その介入できない感じは何だろうと思っていました。

**発表者** 罪悪感の起源、どこからその思いが来たのかという点についてですが、彼女が保育園のときの長期の登園しぶりについて語っていた際、両親への申し訳なさだけを語っていました。特に、母親の大切な時間を奪ったと語られました。これには違和感を抱きましたね。彼女の母親は、聞いている限り、自己中心的でやや感情的な人だと思います。彼女は「感情的にわめくことはしても、子どもを諭すことは出来ない人だ」というニュアンスで母親のことを語っています。けれど私が、彼女に「その母親をどう体験していたのか」を尋ねても俯瞰した見方ばかりで、ネガティブな情緒は切り離されたままでした。母親への陰性感情に触れようとすると、「生んでくれてありがとう」といった話になりました。ただ最近の面接で初めて、母親を"ちょっと迷惑な母親"として語れるようになりましたね。

母親の愚痴を聞くのは家族のなかで彼女の役目なのですが、彼女は全力で必死に聞いていたわけです。それを最近は一歩引いて聞けているようで。じつは彼女の母親は「立派な学校に入ってエリートと結婚するのが女の幸せ」といった価値観を強くもつ人で、そのような考えを彼女に押し付ける人だったようです。このような話はそれまでまったく出ていなくて、最近になって「あぁ、そのようなお母さんだったのだ」と連想しました。

スーパーヴァイザー　母親の大切な時間を奪ったというのは、確かに奇異な考えですね。それはもしかしたら、夫婦のつながりのなかで自分が「父親から母親を奪った」という自責の念があるからなのかもしれませんね。さきほど"弱い父親"という話が出ましたが、確かに治療者もある意味、彼女にとって"弱い父親"になってしまっているのかもしれないですね。

発表者　確かにそうですね

スーパーヴァイザー　父親が弱いことの責任を彼女自身が感じている、ということもあるかもしれませんね。

発表者　彼女は父親に同一化している部分が強く、母親よりも父親を好んでいたと話していました。なので「母親から父親を奪った」という文脈を考えていた時期がありました。ただそうした介入は、繰り返し跳ね返されていたと記憶しています。スーパーヴァイザーがコメントした「父親から母親を奪った」という文脈は、考えていませんでした。

メンバー　彼女は発表者が結婚して、それに反応している部分があるのだろうと思いました（発表者はこの面接経過中に結婚している）。2セッション目（#212）で、発表者に経済的な悪影響を及ぼしてしまうことを空想していますよね。これは彼女が自分と会っていないときの発表者を考えていて、奥さんや家庭を邪魔してしまうのではないかという空想が展開されているのではないかと。

発表者　うーん。

スーパーヴァイザー　実際、終結に向かうことにした場合を考えてみましょう。彼女がこれから男性と関係をもつことを想像したとき、どのような想像が浮かびますか。

発表者　なぜかいま、苦笑いしてしまいました。いま、終結に向かうとして、と言われたとき、なぜか、私が彼女に捨てられるという感

覚が生じました。あれ、質問は何でしたっけ。(一同、笑う)

**スーパーヴァイザー**　発表者は終結を迎えることも考えていると言っていましたね。終結したとして、彼女の異性関係を含めた今後を想像したときに、どのようになっていくと想像しますか。

**発表者**　おそらく相手ができても、彼女は「相手を思い遣って」という理由で、自分の本当の思いをさらけ出すことができずに、最終的に「相手が頼りない、この人ではダメだ」と、関係を切るようになるのではないかと、いま、想像しました。

**スーパーヴァイザー**　そういう想像が出てくるとしたら、この面接の終結はどうなのだろうかと思いますね。

**発表者**　そうですね、確かに。いまそのように言われて、そのようなコメントを期待していた自分と、恐れていた自分がいたように感じます。正直、私はこころのどこかで、このケースをこれ以上深めずに終わらせたくなっていたように思います。でも一方で、何かまずいことが起きているのではないか、どこか表面的な関わりに終始しているのではないかという懸念もずっとあったように思います。今回、記録を読み直したときにも、ところどころで"表面的である"とか、"うわ滑り感が強い"といった自分の記録が見つかって。やはりこれは一度、このグループで、いったんぐちゃぐちゃになるしかないかなと思って出しました。

**スーパーヴァイザー**　考えようによっては、異性との関わりに幕を下ろし、プライベートの時間もないような生き方をしてきた人が、幕を上げて外に出て行こうとしているわけですよね。そこでまた課題も見えてきたということですね。

**発表者**　そうですね。

**スーパーヴァイザー**　でも、この異性との関わりを求めているという話も、どこまで本当なのかわからないですね。

**発表者**　まぁ、そうですね。じつはそうなのです。

**メンバー**　私も聞いていて、彼女が、例えば彼氏をつくったり男性に会いにいくことを、発表者が本当に実感できたり、想像できたりしているのかなと思って聞いていました。

**発表者**　確かにそうなのです。正直、自分のなかでも疑っている部分があります。ただ、徐々に女性的な装いをしたり女性的な雰囲気を纏ったりするようにはなっているのですよね。ただ一方で、短いス

カートをはいて来たりすると何か見てはいけないものを見ているような気もします。このあたりが"弱い父親"に同一化しているところでしょうね。先ほど、メンバーのコメントを聞きながら思ったのは、私は彼女がいかにここを求めているかということをまるで理解していなかったということです。伝えるとすると、〈あなたがこの面接の場を本当に求めているというその切実さを、私がほとんど気づいていない、ピンと来ていないので、あなたは私が頼りにならないと感じ、面接の外に行こうとしているようです〉などと言えるのかなと思いました。

**スーパーヴァイザー**　時間がきました。今日はここまでにしましょう。

## 発表者の感想

　今回グループのなかで私が最も感じていたことは、「よくわからない」という感覚だった。バイザーやメンバーからの指摘について、時にはまるで別の患者や治療への指摘を聞いているのではないかと思うくらい、「私が彼女との面接で体験していることとはかけ離れている」と感じることもあった。当時、私は、自分の発表内容がまとまっていなかったためにこうなってしまったのだろうと感じていた。これは裏を返せば、「きちんと報告できていれば、私と彼女との交流はきちんと理解してもらえるはずだ」という万能的な思いをもっていたということである。非常に恥ずかしい話であるが、きっとそうなのだと思う。
　これは私自身の問題であるとも思われるが、彼女との治療だからこそ生じる現象であるとも考えられる。つまり、彼女が繰り返してきた表面的な関係を私とのあいだでも展開し、面接のなかでの仮初めの"うまくいっている感覚"をそのまま私はグループに持ち込んだのだと思われる。ゆえに私は「私には彼女を理解できているが、グループではなかなか理解されない」と体験していたのである。グループでコメントされた言葉を借りれば、彼女のことを深めず、"察する治療者の役割"をこなす私と、"治療者のことを察してものわかりよく反応するよい患者の役割"をこなす彼女が面接のなかにずっといたということである。
　こうした本当の意味で彼女と交流できていない私は、スーパーヴァイザーの指摘するとおり、役に立てない"弱い父親"のエナクトメントとなっていた可能性があり、またそのような私と関わる彼女の言葉は、スーパーヴァイザーがコメントしたとおり、"本当に感じていることを語らない彼女"であったと思われる。おそらく本ケースには「表と裏」「建前と本音」にまつわる問題がずっとあったのだと考えられる。
　彼女はずっと以前より、"表に出しているのが本当の自分"だ

と感じており、裏にある本当の自分というものを想定していなかった。そういう意味で彼女は、自分の対人関係が「表面的」だとは考えていなかったのだろう。

　一方で私は、表面的な関係に終始しつつも、"何かおかしい""表面的・うわ滑り的である"という違和感をかろうじて抱くことができていた。そして、この治療のなかで彼女との表面的な関係に留まりつつも、何とか裏を想定し、裏を解釈しようとし続けることで、二人の関係が「裏を想定したうえでの表面的関係」であることがおそらく共有され始めているのだと思われる。ゆえに彼女には少しずつこころの奥行きが生まれ、「人との深い関係」に思いを馳せることができるようになったと考えられる。
　しかし、一方でそれは彼女にとって未知の領域であり、スーパーヴァイザーの指摘するとおり、他者との深い関係を彼女が本当の意味で求めているかはわからない。加えて、これ以上深くなることを恐れるからこそ、いま、繰り返されるキャンセルという行動化が生じていると考えられる。私自身も"弱い父親"転移に絡め取られるなかで、今回このタイミングでの終結をよしと考えてしまったのかもしれない。ここには本当の意味で交われない親子関係のエナクトメントがあるのかもしれない。

　今回のグループでは、仮初めの「うまくいっている感覚」、つまり表だけしか見ていない表面的関係をしっかりと崩していただいたように思う。スーパーヴァイザーやメンバーからの刺激が繰り返され、それが私自身の新たな視点の転回を生む原動力になったのだろう。「裏を想定したうえでの表面的関係」であることが私のなかにはっきりと形になったいま、スーパーヴァイザーの指摘するとおり、新たな課題に彼女と向き合う必要があるのだろう。今回のグループで、彼女との深い関係に向き合えるよう、背中を押していただいたのだと感じている。

## スーパーヴァイザーのコメント

　発表者はこのケースについて、治療はうまくいっているという感覚のなかに、何かまずいことが起こっているのではないかという違和感を抱いて、このケースをグループに持ってきている。こうした違和感が治療の停滞をつきとめ、進展させるための取っかかりになるのであるが、なかなか一人で考えていてもうまくいかないものである。

　発表者は感想で、治療関係が「表面的な関係に終始しつつも、"何かおかしい"、"表面的・うわ滑り的である"という違和感をかろうじて抱くことができていた」と述べている。土居健郎は『精神医学と言語』に、「面接において相手をわかろうとする場合には、オモテだけを見てわかったつもりになってはいけない。……わからないところ、ウラが隠れているところが見えてこなければならない」と書いている。発表者の抱いていた違和感は、「よくわからない、裏に何かあるだろう」という感覚からきているのだと思う。しかし、一般に治療者から「わからない」と言われても、患者は、なぜわからないのかがわからないと思うことが多い。彼女の場合、自罰的・自己犠牲的なあり方に対して、発表者が疑問を呈して面接を始めたものの、彼女は自罰的な言動を繰り返していたが、発表者の疑問を本当にはわからなかったのだろう。発表者の考察にあるように、彼女は裏にある本当の自分というものを想定しておらず、自罰的・自己犠牲的なあり方の裏にある辛さや怒りを見ていくことがなかなかできなかったと考えることもできる。

　発表者は、面接の途中で彼女が面接室を出て行ってしまったときに動悸を生じ、それも違和感を抱くきっかけであったようである。このような治療のなかで生じた行動化について、治療の枠組を守るために〈いまは面接中なので、出て行かないでほしい〉と言うこともできるし、彼女が面接室に戻ってきてから振り返って、行動化の意味について一緒に吟味し、例えば、仕

事を優先してしまい、自分のために受けている面接を大事にできないことを話し合っていくこともできるだろう。そうした治療者の介入は患者の行動や発言の流れを差し止めてしまうように思われるかもしれないが、治療者の本気の介入はときに患者との表面的な関係を変化させることがあると思う。しかし、発表者は、彼女が戻ってきてから彼女のつらさを慮って解釈をしている。そこには、治療者が患者とのあいだで起きていることを率直に話し合って、関係を深めていくことに躊躇する治療者がいるようであった。

　グループのディスカッションの段階では、最初から、ケースに対する気持ち、発表者の逆転移を話題にしていた。彼女にイライラさせられる面を取り上げ、発表者が察することを求められているあまり、率直に話し合えないところがあることが理解されてきた。ケースの家族関係などの面と絡められながら、実り多いディスカッションがされていたと思うので、ここでは詳しくは繰り返さないが、面接の最近の経過のなかで、彼女が治療の頻度を落としたいと言ってきたことについて、発表者は治療の終結も悪くないかもしれないと思いながらも、一方で自分が見捨てられるような強い孤独感を体験していた。ディスカッションで再度この気持ちについて取り上げ、終結に向けた場合に彼女の今後がどのようになるか、発表者は想像しているのかを問われたなかで、発表者は治療がもうひとがんばりする必要があることを納得したのであった。

　精神分析的な枠組の治療の場合、終結を意識した時期については、基本的には、最後まで頻度を変えずにおこなうのがセオリーであると思う。それは、終結期が最後の、そして最大の、治療者との別れ、対象喪失、自立といったテーマをワークできる機会だからである。その時期に、フェードアウトしてしまうように頻度を減らしてしまうことは、そのようなワークをする機会を薄めてしまう。もちろんケースの現実的な事情との折り合いが必要であるが、治療者は治療の枠組みや設定を維持する機能を担っているのであり、治療者がこのような意識を持っておくことは大切である。また、こうした設定を揺るがされるよ

うなときに生じる治療者の感情は、転移-逆転移を見ていくうえでも重要であると思われる。

　このケースの場合も、現実的な適応はよくなっているように見えるが、表面的でない対人関係を築いていくという新たな課題が患者にも理解されてきてはいるものの、やはりそこを避けて治療と距離をとり、「幕を下ろす」以前からの癖に、患者はまだとらわれているようであったし、発表者もそのような患者と結託しているところがあった。そういった転移-逆転移に気づいていくためにも、理論的な枠組によって治療を外から眺める視点が必要だし、グループは、発表者が外から眺める視点を得るのを助けてくれる。

　治療のなかで起こっている転移-逆転移を知るということは治療者にとってなまやさしいことではない。そこには、発表者が感想で書いているように自身の万能感に直面させられる苦しさを伴うかもしれない。しかし、グループにケースを出すという体験は、ただ苦しい体験だけではなく、そこには患者とのあいだでの閉塞した状況から、第三の視点の入った、二者から三者に拓かれる体験であり、そこに、考えるための空間が広がるのである。

**Q** 患者が仕事など現実的な生活状況のことを理由にして、面接の時間や頻度の変更を訴えてきます。どのようにしたらいいのでしょうか。

**A** 面接の頻度や時間など日時の設定は、面接する場所（例えば、医療機関、教育機関、開業オフィスなど）、面接法（対面法、背面法、寝椅子使用）、料金（金額、自費か保険か、有料か無料か、など）などとともに、治療構造と呼ばれるものであり、精神分析的な心理療法では、このような条件を一定にしておこなうことが普通です。土居健郎は『精神療法と精神分析』でフロイトを引用して、こういった治療のやり方の規則性をゲームのルールになぞらえており、例えば将棋のルールが将棋を指す人を制約するものの、ルールがないとゲームが成立しないということが起こりますが、治療でも同じようなことが生じることを述べています。小此木啓吾は治療構造について、治療構造論というかたちでその意義をまとめました。

面接の時間について、その規則性、恒常性が一定になることで、この面接時間は自分のための時間だという意識が患者に芽生え、そのことで患者は抱えられている体験をすることがあります。

心理臨床家によっては、患者の要望を聞いて面接頻度をそれに合わせ、場合によっては面接の間隔も患者の都合により、そのときそのときによって動かすようなスタイルをとっている人もいるかもしれません。ですが、このような構造では、例えば治療者の都合で面接が休みになるという喪失体験が容易に否認されてしまい、扱うことが困難になってしまいます。面接の構造を一定にするのには、治療者や面接に対する患者の思いを気づきやすくするという意味があるのです。

Qのように、患者が面接の時間や頻度の変更を訴えてきている場合、面接の頻度、時間を一定にすることには意味がある（少なくとも治療者は意味があると思っている）ということを、一度は共有することが必要かもしれま

せん。そのうえで、このような治療の継続が必要であるのか、継続するためには時間や頻度の変更しなければならないのか、患者の現実的な状況についての検討をすることが必要になると思います。

　そのような話し合いをしながら同時に、「患者がそのような面接頻度の変更を訴えてくる裏にはどういう思いがあるのか?」「患者が何を伝えたいのか?」ということを考えることが必要になります。例えば、治療者が患者の希望に合わせてくれるような万能的な対象であることを期待しているとか、治療者とふれあうのを避けるために治療から遠ざかりたいなど、頻度の変更には治療への防衛や抵抗としての意味がある可能性があり、それは患者の行動化ということになります。繰り返しになりますが、まさにそういうことを考えたり取り上げたりできるために、面接の頻度や時間を一定にする、といった治療構造が必要なのです。

　それでは精神分析的な心理療法において、面接頻度の変更は仕方なくすることで積極的に変更を検討することはないのかというと、そういうわけでもありません。面接頻度は、患者の病態、治療の目的や患者のニーズなどによって決定されますが、それはこのくらいの頻度が必要だろうという治療者の考え方や経験からの判断によって提案され、決められると思います。しかし、治療を続けていくなかで、治療関係が表面的なままで思っていたよりも深まらない、面接のあいだのつながりがもてない、過度に治療者に依存しすぎてしまっていることを自覚し自立への患者の切実な思いが生じたなどの理由で、面接の頻度の変更が治療上必要であると治療者も患者も等しく認識した場合は、治療上ふさわしい頻度について面接で話し合われ、治療頻度は自然に再決定されると思います。

　治療頻度を変更したいという気持ちのなかには、建設的な部分と治療の進展に反するような防衛的な部分とがあり、その両者を検討する必要があるでしょう。今回のケース4の例では、実生活の充実のために面接頻度を下げたいという患者の思いと、治療者への気持ちに向き合うことを避けるために面接から遠ざかりたいという患者の思いの両方を吟味する必要があるということです。その判断のときに大切なのは、その患者の面接をしている治療者の実感なのです。

# Case 5

## ケースの概要

　30代の女性である。数年前、勤めていた会社でのある問題に対して不安が高まり、体調を崩して退職することとなった。その後、身体的な問題によりさらに不安が募っていたところで、電車の中でパニック発作を起こし初めて精神科を受診した。いくつかの精神科を転々とした後、私の勤務する医療機関を受診した。
　主治医による診察のみで数ヵ月が経過した後、主治医より、「心理的なものも含めてさまざまな要因が関わっているかもしれない」とのことで、心理検査の依頼があり、私が担当することとなった。その心理検査のフィードバックに対して様々な連想が語られたため、心理療法に向いていると考えられ、主治医と相談の上、心理療法を導入することとした。面接は週1回、50分で行われた。
　アセスメント面接では、以下のことが明らかとなった。彼女は厳格な母親と存在感の薄い父親とのあいだに生まれた。母親には、例えば、食事を残さず食べないと次の食事は一切、出さないなどといった「暗黙の母親ルール」があり、彼女はそれに常に従うようにして過ごしてきた。特に性的な話題には厳格だったと語った。彼女の初期記憶は「母親が彼女を睨みながら迫ってくる」というものであり、幼い頃から、母親から父親への不満を聞かされることが多かった。小学校は最初の頃は登校しぶりもあったが、しばらくするとそれもなくなり、中学でいじめに遭うが、それに対しては反撃することもあったと話した。
　高校も大きなトラブルもなく、大学卒業後に就職したが、「もしこの会社がよくない会社だったらどうしよう」と不安を感じ、正規職員として働くことを選択しなかった。その後、いくつか転職した後、非常勤で数年を勤め正規職員になってもよいと考えていた会社が、上述したある問題を抱えた会社だった。

　以上のような生育歴が語られたが、私はアセスメント面接の途中

から、ある感覚を抱くようになっていった。彼女は、「母親の影響を強く受けている。ずっと母親を怖いと思っていたので、それがいまの状態につながっているように思う」などと、母親について語ることが多かったが、私にはなぜか「上辺だけで中身がまったくない」と感じられた。そうした彼女に対して、陰性の感情を抱くようになっていったのである。

　また、『なぜ自分がパニックになったのかわかった』とか、『いままでどうだったかより、これからどうするかが大事だと思う』などとの彼女の語りに、やはり私は、「中身がない」「綺麗ごと」だと感じた。そのような私に対して、彼女も、話を聞いてもらってすっきり、というのを求めてきているのに、聞いてもらえている感じがしないと不満を述べることが増えていった。彼女の不満は徐々に強まっていき、さらには『面接の始め方を「この一週間、何がありましたか」にしてください』などと面接の進め方をもコントロールしようとした。そのような彼女に私は辟易したが、一方で彼女は、『このような自分を受け入れてもらえるかどうか不安です』と涙を浮かべながら語ることもあり、その時は彼女のこころに触れられた感覚を抱いた。しかしまたすぐに、彼女の態度に辟易するということが何度も繰り返された。

　今回、提示するのは、面接開始から一年ほど経過した頃の2セッションである。上述のように、初期の頃から彼女に対して陰性の感情を抱くことが多く、他の視点を考えるゆとりを失っているように思われた。またこのように感じる治療者と患者との関係についても何らかの理解を得たいと思い、提示することにした。

## プロセスノート

**#45**（祝日と彼女の体調不良によるキャンセルがあったため、3週間ぶりとなったセッション）。

　私が〈では始めましょう〉と言うと、彼女は『走って来たので、疲れました。最近は調子が悪いですね。暑くなってきたし、熱中症も心配』と話し、沈黙する。しばらく沈黙が続いた後、『ただ、友だちに話を聞いてもらったとき、私は"スイッチ"って呼んでいるのですが、その不安のスイッチが入った後、どれだけそれを引きずるのかと言われて。入ってもすぐに戻せるのであればいいのかな、それが課題かなって思います。楽しく遊んだりしていると、不安のことは忘れるじゃないですか。そういう時間が長くなればいいなと思います』と話す。私は、相変わらず、もっともらしいがあまり意味がなさそうなことを言っているなと思いながらも、〈でも、そんなに楽しいことは続かないだろうし。それに思い出すということは、その不安はそれだけ大きいことなのでしょうね〉と伝えた。

　彼女は、『それよりも、「最終的にパニックになったら怖い」っていう恐怖心がある感じです。体調も精神も調子がよくないと、パニックになってしまうっていう』と答えたので、私は〈不安の連鎖の行き着く先にパニックへの不安がある、ということですね。相当に大きいのでしょうね〉と伝えた。

　それに対して彼女は、『先生は実際にパニックになったことがないだろうからわからないと思うのですが』と話す。私は、「大きいのでしょうね」という私の介入に対して、「この人は何もわかっていない」と思ったのだろうかと想像した。

　彼女は続けて、『何かに対してというのではなく、「なにかヤバイ」っていう感じですね。その後は「どうしよう！」という感じ。その感じに自分が落ちていくのか、その感じがどこからかやって来るのかはわからないですが』と話す。私はこの話を聞きながら、

以前に彼女が語った、"落ちていく夢"を連想した。それは、彼女が部屋にある自分の机から床に飛び降りると、床が突然、消えてなくなり、そのまま深く暗い奈落へと落ちていくという夢だった。どこかに着地するのではなく、落ちている途中で恐怖とともに目覚めるということだった。

私はさらに、〈もう少し、パニックがどのように起きるのか教えてもらえないでしょうか〉と聞いてみた。彼女は、『映画館でパニックが起こったときは、そこが暑くてムワッとしていて。映画が始まってすぐに外に出ました。そのときはそれでおさまりましたが。最初は例えば、「このドアに指を挟んだら痛いだろうな」と思ってそれが頭から離れなくなる感じ。それと恐怖心ですね』と話す。

彼女は続けて、『最初は「（パニックに）なったら電車に乗れなくなるのだろうな」という事実への不安や心配で、それがだんだん大きくなって、ドアが閉まると、「いまなったらヤバイな」となり、それで実際になるという感じですね』と話すので、私が、〈いま、話してみてどのような気分でしょうか〉と尋ねると、彼女は『平気ですね。パニックって言ってしまった方が楽』と答えた。

#46 『10分ほど遅れる』と連絡がある。私は行動化だろうかと考えていた。彼女は10分を過ぎても現れず、私は徐々に苛立ちを感じ始めた。結局、20分を過ぎて現れた。

私が〈では、始めましょう〉と言うと、彼女は『もうすでに疲労困憊です』と話し始める。私が〈疲労困憊ですか〉と言うと、彼女は、『とにかくついてないですね。電車が遅れていて、別の駅経由で行こうと思ったら、そっちも止まっていて。ツイてないですね。先週も、ここの帰りにも電車が遅れていました。動き出してもすごくゆっくりで。駅に着いたときには、もう家に帰って寝たいという感じでした』と語る。私は、電車が苦手な彼女からすると、それはきついだろうと思う。

Case5

彼女は続けて『でも、今日もですけど、結局、辛くても行くんですよね、私』と話す。私は何となく、"結局、やる"というところに興味を抱いた。

　彼女は続けて『この前の金曜日にも友達と会う約束をしてたんですけど、待ち合わせの20分くらい前に「30分、遅らせてもいい？」ってメッセージが来て。それに気づくのが遅れてしまって。さらに30分過ぎても来なくて、連絡もなくて。結構イライラしました』と話す。私は、今日のあなたの状況と同じですねと言おうとしたが、それは彼女を責めることになるだろうと思い、控えることにした。彼女は『結局45分、過ぎてから来たんです。すごく申し訳なさそうに来たので、怒るに怒れず、でした』と話す。私は、今日のあなたから、申し訳なさはまったく感じないと思うが、これもやはり伝えるのを控えた。

　私は〈あなたは怒りたかったのでしょうか〉と聞くと、彼女は『遅れてということより、はっきりしなかったことにですよね。その後、遅れた理由を聞いてもハッキリしなくて。この人とはもうないなっていう感じでしたね』と言う。私はそれを聞いて、見限るのが早くないだろうかと感じた。彼女は続けて、『もともと、よく会う人だったんですけど、この人とはもうこの距離感でいいやって思いました』と話す。私が〈これまでも、そういうことが多かったように思いますが、もっと仲良くなりたい人を探しているということなのでしょうか〉と聞くと、彼女は、『共通したことで盛り上がれる人がいたらいいなとは思いますけど、積極的に探しているわけではないですね』と答え、さらに、『例えば、職場で仲良くなった人とかでも、仕事をやめたら疎遠になっていくじゃないですか。そこからさらにというのはないですね』と話した。私は、彼女は親密な関係になれない人のようだ。私とも、治療という媒介があるから来ているだけで、それ以上にはならないということなのだろうと思った。

## ディスカッション

**スーパーヴァイザー** ではみなさん、いかがでしょうか。

**メンバー** 少し気になったのですが、セッションのなかで、夢の話をしていましたよね。「机から落ちて奈落の底に落ちていく」という夢でしたが、それはいつ頃のものなのでしょうか。

**発表者** 割と最近ですね。#40前後だと思います。彼女はそうした夢を、結構、前から見ているようです。

**メンバー** 今回、提示された2回のセッションでは、母親との関係の話は出てきていないのでしょうか。

**発表者** 出てきませんでしたね。

**メンバー** 発表者は、彼女は母親との関係の話をすることが多いと最初に言っていましたが、具体的にどのような話だったのですか。

**発表者** 彼女が話していたのは、母親には、"暗黙の母親ルール"というものがあるということや、母親が昔話を自慢してくるというような話ですね。印象的だと思ったのは、母親が、自分の過去の恋愛経験を彼女に自慢気に話したということでした。ですが、彼女の家はとても禁欲的な家なのです。テレビでセクシャルなシーンが映ったらすぐにチャンネルを変えるというような。にもかかわらず母親は、自分の恋愛経験について自慢気に話すという。そうしたことに対する不満が多いですね。

**メンバー** 彼女と発表者の両者のあいだで、何か共有できたことはあったのでしょうか。発表者にわかってもらいたい気持ちを感じました。

**発表者** うーん。「わかってもらいたい」というよりは「伝えましたけど」という感じでしょうか。事実を淡々と話していくような感じでしょうか。

**メンバー** 彼女の中核的なテーマは母親と自分の関係なのかなと思いましたが、どうでしょうか。

**発表者** 彼女のテーマが一貫している感じはあまりないですね。ただ母親との関係性で言えば、彼女には伝えていないのですが、例えば、彼女が私の面接の進め方を細かに決めようとすることは、おそらく彼女に"暗黙の母親ルール"を強いたその母親との関係性がこの場

で展開しているのだろうと思います。知的にはそう考えていますが、でもそれは彼女には伝えていないですね。

**メンバー**　彼女は、「母親から離れたい」「コントロールから外に出たい」と言っているように感じます。でもそれができないし、コントロールがないと自分はやっていけないのではないでしょうか。母親に動いてもらわないと、彼女は一歩が踏み出せないのではないかと。自分が何かしらのコントロールを受けていないと自分が出せないのでしょうね。

**発表者**　そうですね……。母親のコントロールから抜け出したいという点については、抜け出したい気持ちが半分、抜け出したくない気持ちが半分という感じなのかと思います。とても象徴的だと思うのは、彼女の面接に毎回、母親がついてくるのです。しかも、母親が待合室で待っている場所というのはいつも決まっています。その場所はこの面接をおこなっている部屋と壁一枚、隔てただけのところなのです。一時期、「彼女の母親は、じつはこの面接に聞き耳を立てているのではないか」と想像していたことがありました。母親のコントロールから出たいけど出られないというのは、そうかもしれないなと思います。でも一方で、母親のコントロールから出ると、行くあてがないのかなと思います。

**メンバー**　それが、夢に出てきた"奈落の底"ですよね。

**発表者**　そうですね。母親のところに居ざるを得ないという切実な事情もあるのかなと思います。

**メンバー**　私もそう思います。私は、それがこの面接の場なのだろうと感じます。

**発表者**　そうですね。ですので、この場が、彼女がコントロールから脱した先のものとして機能するといいのかなとは思うのですが、どうでしょう。

**メンバー**　今回、彼女は遅刻していますよね。彼女が言っている、「友達が遅れてきてイライラして」というのは、そのまま、先生がイライラしているのではないかということでもあると思います。発表者が何も言わなかったので、怖かったのではないかと想像しました。

**メンバー**　発表者は彼女の遅刻に対してまったく触れなかったのですよね。

**発表者**　もし遅刻に触れたたとしたら、彼女を叩いてしまいそうだっ

たのかもしれないです。このときは、彼女に何を言っても結局、私が彼女を叩くことになってしまうと感じていたと思います。遅刻に触れたくても、何も言えなかったというのが正直なところです。

**メンバー**　遅れたことに対して、「どうされましたか」とも聞かなかったのでしょうか。遅れた理由は、彼女が自発的に語っていたのでしょうか。

**発表者**　そうですね。

**メンバー**　発表者は、「連絡くらいしないのか」と思っていたのに聞かなかったということ。

**発表者**　思っていたのですが。「遅れるときは連絡していただけると助かります」ということでさえも、彼女を叩くことになってしまうと感じていました。

**メンバー**　不安に触れるのはどうでしょう。例えば、〈私から怒られると思っているのでしょうか〉など。

**発表者**　そのときはそこまで頭が回りませんでした。でもいま、言われて〈私も怒っていると思っているのでしょうか〉などと聞けばよかったかもしれないですね。

**スーパーヴァイザー**　この回も母親は一緒に来ていたのですか。

**発表者**　この回、彼女が来院したときには母親はいなかったのです。なので、「初めて1人で来たのか」思ったのですが、面接が終わってドアを開けたら、待合に母親がいました。

**メンバー**　母親に怒られて来たのかもしれないですね。

**発表者**　あぁ、どうだったのでしょう。

（ここで少しのあいだ沈黙が続く）

**発表者**　彼女は体調不良などでここ最近、遅刻やキャンセルが多くなっているのです。でもそれまでは、キャンセルは一度もなかったのですが。一度だけ、旅行に行くという理由でキャンセルしましたが、それ以外はなかったのです。

**メンバー**　前回の体調不良というのは何だったのですか。

**発表者**　風邪を引いて熱が出たとのことでした。

**メンバー**　彼女は経済的に豊かなのでしょうか。

**発表者**　遊びに行くようなお金はどこにあるのだろうと常々思ってい

ます。

（ここでまた少し沈黙）

**メンバー**　彼女が一体、どのようなことに対して何が辛いのだろうかと。よくわからない感じがしています。2セッション目（#46）の面接に関して、行きたいところにたどり着けない、会いたい人に会えないというのは、先ほど話されていたコントロールの効かなさというのもあると思います。外的にも人と会えないし行きたいところに行けない、内的にも頭から離れなくなるし不安のスイッチを切り替えられない。そうした「どうしようもなさ」という感覚に内部も外部も取り囲まれているのだと感じます。何が「ヤバイ」のかはわからないけれど、ただ「どうしよう、どうしよう」という感覚はあるのだと思いました。

**発表者**　その「どうしようもない」というところで言えば、親密な関係を求めていないような彼女の言葉を聞いて、「彼女はなんて寂しいのだろう」と感じました。親密な人間関係をもたずに生きていくことを想像したら、それは寂しいだろうなと。

**スーパーヴァイザー**　その「寂しさ」こそが、まさに彼女が切り離しているところかもしれないですね。実際の彼女は、「関係は切って当然だ」というように話していますが。この背景にあるものは何だろうとか、それを聞いてこちら側に惹起される感情、一般的には逆転移と言われるものですが、それが何なのかということに注意を向けて、それを伝えていくという作業が彼女には必要なのだろうと思います。ですが実際、それは彼女にはとても難しいことですね。ですので、このような患者と意味あることをやっていくのは、それこそ10年くらいかかるでしょう。意味あることをやっていけるかどうか、かなり吟味していかないと難しいケースなのだろうと思います。

**発表者**　そうですね。彼女はこの面接のことを「お勤め」と呼んでいるのです。それこそ仕事のようなもので、ここに来て、話したいと思わなかったことを話すように努力するとか、そのような意味で「お勤め」と呼んでいます。それを聞いて私は、「仕事だから来るのか」とは思いますが、でも"お勤め"。そのようなことでいいのかなとも思います。ただ、彼女と会っていて、手応えと言うのでしょうか、

そのようなものを彼女と面接をしていて感じられるのだろうかという疑問はあります。10年ですか。
**スーパーヴァイザー**　"お勤め"という言葉は、少し性的なニュアンスを伴うかもしれませんね。そして彼女は性的なことが禁じられていた家庭で育っているようです。彼女にとって、誰かと交わることというのは、まさにこの面接のことですが、彼女の体験としては、そのような水準なのかもしれないですね。
**発表者**　そうですね。性的なことが禁じられていたこと。そのせいかなと思うのですが、彼女のセクシャリティとは、彼女のコアの部分としてあるのかもしれないし、でも本当は触れたいけど触れられない恐ろしいものとしてあるのかもしれないし、セクシュアリティの要素は、彼女にかなり感じます。そういう話が禁じられている一方で、恋愛の話を母親から聞かされていて、セクシュアリティの部分ではかなり混乱している、わけがわからないということがあるのかなと思います。

(ここで長い沈黙になる)

**スーパーヴァイザー**　今日は珍しく、ときどき沈黙が生じますね。コメントしにくいような、何か話しにくい感じがあるのでしょうか。
**発表者**　みなさんが彼女に対してどのような印象を抱き、どう感じるのだろうと気になっています。私が彼女の面接をしていて常に感じることは、「どうしたものだろう」というものです。みなさんも同じように感じていたりするのかなと思ったりします。あるいは、いま、ふと思ったのですが、「どうしたものだろう」と私が思っているということが、みなさんに伝わったらいいなとも思っているのですが。
**メンバー**　今日の最初の方で、具体的なプロセスノートに入る前に、発表者が、彼女がどのような人なのか勢いよく話しているのを聞いて、彼女も最初、発表者のような感じだったのだろうなと想像しました。同時にそれを聞きながら、「何を言っているのか、よくわからないな」とも感じて。プロセスノートを聞いていても、何となく目が滑るというか。
**メンバー**　今回のプロセスノートに書かれた文字量もかなり少ないですよね、いつもの発表者にしては。

発表者　少ないですね、いつもの私にしては。

メンバー　そうですよね。

発表者　だいたい普段、別の患者でしたら、1回分のプロセスノートが、今回の2回分のプロセスノートくらいの量になりますね。

メンバー　どうしたのでしょう。今回のプロセスノートを聞いていて思ったのは、発表者が彼女についていろいろと思ったり感じたりしているけれど、それを彼女にあまり伝えていないなということです。たくさんいろいろなことを思って、それをプロセスノートに書いているけれど、それを彼女に伝えられない何か、触れられない何かがあったりするのだろうかと思いました。その触れられなさはどこから来るのかなと。プロセスノートの文字数も少ないのもそこと関係があるのかなと思っていました。

発表者　触れられなさというか、彼女に伝えても、「それはこうです」と返ってくるのだろうなというのもありますし、先ほども出ていた"絶望感"のような、面接中に私のなかに惹起される気持ちはあるのですが、それを使って、彼女に触れてもいいのだろうかという迷いがあります。それこそ、私が感じているだけなのではないだろうかという思いがあるのです。

スーパーヴァイザー　それがポイントではないかと思います。異質なものとか違うものとか、彼女が全然、感じていないことを言うことになるのではないかという恐怖とか。そこに彼女の「そのままを、全部受け止めて欲しい」という思いがあるのではないかと感じます。その"違い"に蓋をしたいという思いがあるようです。でも、父性的な楔が入るような解釈というのは、やはり、自分が思ってもみなかったことを言われるという体験だと思います。そういうものに対する恐れが、彼女と発表者のふたりにも大きくあって、そこに触れられない感じになっているように思います。

発表者　触れられない。そうですね、触れたら壊れるというか。触れたら泣くのではないかとか。

スーパーヴァイザー　確かに彼女からすると、それは未知の体験になるし、とても怖いものかもしれないけれど、でも彼女はもしかしたらそういうものを求めているのかもしれないと感じます。試しに少し触れてみるというのもあってもいいと思います。

発表者　確かに、彼女の「ドアに指を挟んだら痛いのはわかっている

けど、でもやってみたくなる」といった話を象徴的に考えると、彼女もそうした体験に対する好奇心があるのだろうなと思います。

**スーパーヴァイザー**　もしかしたら、そういうことをしていいのだろうかという発表者の思いは、面接室のすぐ隣に彼女の母親がいるということとも関係しているのかもしれないですね。彼女が主体的に何かをすることは、母親がすぐ隣にいるということで阻害されている部分も大きいのではないかと思います。

**発表者**　確かに、彼女の母親が聞き耳を立てているのではないかという想像をして以来、私が彼女の母親のことをとても気にしているというのはあると思います。

**スーパーヴァイザー**　本当は、このような母親と一緒に来ていることに触れて、ひとりでは一歩を踏み出せないなど、それに関連した話ができるといいですね。彼女は母子一体でここに来ているので、分離した個としての彼女と話ができない状況になっているのかもしれないですね。

**発表者**　そうですね。自立したいと思ってもできない彼女、彼女を自立させたいけれど、付いてきて自立させていない母親。そういう一体感に、私を取り込もうとしていると感じることはあります。でも、それに抵抗している私もいると思ったりもします。そして確かに、彼女の感じていることをそのまま理解しないといけないのだろうなと思っていたと思います。母子関係モデルというか。そうしていくことで先に進んでいくのではないかという思いはありました。

**メンバー**　でもそれは結局、発表者が母親をやっているということになるでしょうか。

**発表者**　そうですね。

**スーパーヴァイザー**　そのような母親的なものと同時に、父親的なものも求める気持ちが同時に動いているのだろうと思います。

**発表者**　そのことは今日の、このディスカッションのなかで強く感じました。

**スーパーヴァイザー**　では今日はここまでにしましょう。

## 発表者の感想

　このグループが終わった直後、私が抱いた最初の感情は「安心感」だった。なぜ私は安心感を体験したのだろうか。プロセスノートと、ディスカッションの流れなど、彼女の全体像を改めて振り返ったとき、それに対してさまざまな考えが浮かんできた。

　ディスカッションの後半、長い沈黙が訪れた後、私の口から最初に出たのは「みなさんも同じように感じていたりするのかな」という不安と、「どうしたらいいのかなと私が思っているということが、みなさんに伝わったらいいなとも思っている」という期待だった。沈黙のなかで私に惹起されたこの不安と期待は、「何も言わなかったからこそ怖かったのではないか」とメンバーが想像し、そして後にバイザーがコメントした「そのままを全部受け止めて欲しい」という彼女の思いとまったくパラレルのものだったように思う。

　彼女の思いと私の思いとが、パラレルになっているという点では、メンバーによる「発表者が彼女のことをいろいろな点からバーっと話しているのを聞いて、彼女も最初、このような感じだったのだろうなと思ったのと、それを聞きつつ、『何を言っているのかよくわからないな』とも思いながら」という発言は、まさに私が、彼女との面接のなかで感じていた体験が、このグループの場で、私とメンバーのあいだでパラレルに起こっていることへの指摘であろう。私がさらに語っている「面接中にそうして私のなかに惹起される気持ちはとてもあるのですが、それを使って、彼女に触れてもいいのだろうかという迷いがあって。それこそ、私が感じているだけなのではないだろうかという思いがある」という不安もまた、「こういう自分を受け止めてもらえるか不安」という彼女の不安とパラレルのものであろう。

　以上のように振り返ったうえで改めて当日の発表を振り返ってみると、私の発表の仕方は「いかに彼女が難しいか」をメン

バーに強調するかのようであったように思う。なぜそうなっていたのだろうか。それは、「私は、彼女に対してとても強く陰性の感情を抱いている。それは間違っていないでしょう?」と、自分の感じ方に間違いがないかという不安を、メンバーやバイザーに同意してもらって、払拭してもらいたかったからなのではないだろうか。私がグループの場にこのケースを選んだこと自体が、おそらくそうした保証をもらいたかったためでもあったように思う。そしてその保証をもらうために持ってきたということもまた、「話を聞いてもらってすっきり、というのを求めてきている」という彼女の思いとパラレルなものであろう。

　そのように考えると、発表後に私がまず安心感を体験したことにも納得はいく。メンバーの「いつもの発表者にしては」という発言から読み取れるように、私のことをよく知るメンバーが、こうした私の不安に対して「批判をしない」という姿勢を示してくれた、と私には感じられたからだ。「間違っていないでしょう?」という不安の背景に「間違っている」と批判されることに対する恐怖があろうことは言うまでもない。

　一方で、スーパーヴァイザーの「少し触れてみるのもいいと思う」という発言は、「間違っていないでしょう?」、あるいは「みんなもまったく同じように思ってくれているでしょう?」という保証を求めたい私の不安に対して、同じではなく、違った方法を提示するというものであったと思う。ディスカッションのなかにもあったように、こうして違うことを言われる、あるいは違うと言われるということは、彼女が最も恐れていることであっただろう。しかし、それまで彼女とパラレルな体験をしていた私がこの提示で傷ついた体験をしたかと言うと、そうした思いを私は特に抱かなかった。彼女とのパラレルなプロセスに、ここで楔が打たれたのである。

　このスーパーヴァイザーの違った方法の提示と、それでも私が傷つかなかったという一連の体験こそが、まさにスーパーヴァイザーの提示した「少し触れてみる」という方法によって、「すべてを受け入れてもらいたい」と思っていた私を大きく傷つけることなく、それでいて父性的な楔を入れる解釈をしたとい

うものだったのだろう。患者（彼女）に対して治療者（私）が取るべきスタンスとその作用を、スーパーヴァイザーが実体験を通して私に示したように思われる。

　転移を通して患者が治療者とのあいだで実体験のようなリアルな体験をすることが精神分析的臨床には不可欠なことであり、また治療者が精神分析的臨床を学ぶためにも、またスーパーヴァイザーを通して実体験のようなリアルな体験をすることが必要であるとされている。精神分析的臨床やスーパービジョンの場というのは基本的に一対一の場であるが、我々は日常生活のなかでは一対一ではない人間社会のなかに自身の対象関係世界を投影しながら生きており、そのなかでさまざまな不安や葛藤を感じながら生きている。グループという複数の人間がいる場はまさに、人間社会そのものであり、その分、日常生活のなかで感じている不安や葛藤を投影しやすいと言えるだろう。つまり、スーパーヴィジョンという構造のなかで患者とパラレルな体験をする治療者が、患者が日常生活のなかで常に感じているだろう不安や葛藤をリアルに感じやすいという構造がケース検討会グループにはある、と言えるのではないだろうか。私の今回の体験は、まさにそうしたグループにおけるリアルな学びを体験できたというものだったように思う。

## スーパーヴァイザーのコメント

　このケースは、パニック発作を生じて医療機関を受診し、発表者が心理検査を実施した。発表者の示唆に対して、さらに連想を話す患者は心理療法に向いていると考えられ、アセスメント面接に導入されたものである。しかし、アセスメント面接に入ると、発表者は辟易とした陰性感情を感じるようになる。それは、一方的に話したいことを話していると感じられたり、面接の初期から自分の意のままに面接をコントロールしようとするなど、相手のことなどおかまいなしにふるまう問題が面接のなかで現れてきたからである。発表者は患者の話を共感的に聞くように努めている。その姿勢はこのような厚かましいふるまいをするナルシシスティックな患者の治療の特に初期には必要なこともあるだろう。しかし、治療者の強い陰性感情の問題は大きく、発表者は別の視点を求めてグループに持ってくることになった。

　ディスカッションの前半では、この治療自体も母親にコントロールされているのではないか、患者は母親のコントロールを出たいが、出ると行くあてがない不安があるのではないか、ということが議論された。このことは、母親と対等に意見を交換することはできず、コントロールされる閉塞感は嫌悪するが、コントロールされていないと一人ではやっていけないと感じる不安であろうと思われる。その後、患者は性的なことに関心があることがうかがえるが、家庭ではそういった関心を禁止されて育っていたことも話題になった。

　グループは、ケースについて何とか理解していこうとするが、面接のなかのことよりは外のことに関心が向いており、治療のなかで生じている治療者の陰性感情についてはあまり触れられなかったように思う。そして議論は続いていかずに、次第に沈黙が多くなっていった。

余談であるが、このグループはふだん、ディスカッションの段階になると非常に活発に発言があるアクティブなグループであり、この発表者が他のケースを発表したときには活発な議論が展開されていた。それがこのケースの検討では沈黙という、このグループにしては珍しい現象を生じていた。

　沈黙は、個人面接においては意識化・言語化することへの抵抗と見ることができるし、グループにおいてはリーダーなどへの依存、争うことへの躊躇、グループからの引きこもりなどから生じると考えられる。その根底には、「そのまま受け入れて守ってもらえるだろうか」「闘うのは嫌だ」「傷つけられるのが怖い」といった不安が存在している。

　スーパーヴァイザーがディスカッションでの沈黙と話しづらさについて指摘した後、発表者は、このケースについて感じていたことをグループでも同じように感じてもらえるか、自分の思いが伝わるか、という不安があったことを率直に話し始めた。発表者はグループが終わって最初に「安心感」を抱いたと述べている。発表する前の不安は相当大きく根源的なものだったのであろう。それは自分の思いを受け止めてもらえずに、傷つけられるようなことを言われるのではないか、という不安である。この傷つけられる不安はナルシシスティックな患者が持っているもうひとつの重要な側面であり、それを発表者もグループのなかで感じていたのである。感想で述べているように発表者は体験的にそのことを理解したようであった。

　その後メンバーは、「何を言っているのだかよく分からないと感じた」「いつもの発表者に比べてプロセスノートの分量が少なくて、どうしたのか」と率直な感想を述べるようになった。率直に話せるようになる前のメンバーは、発表者の不安に無意識的に気づいており、発表者を傷つけるのではないかという躊躇を感じて、沈黙が多くなっていたのではないかと思う。

　さらにディスカッションでは、発表者がいろいろと感じていることを患者には伝えられなかったり触れられなかったりすることについて取り上げられ、患者の気持ちを受け止め理解するという母子関係モデルでの治療的な要素と同時に、発表者の考

えていることが患者の思っているのとは違うことがあるという現実を示すことの必要性が議論された。そのことは、父親の存在感が薄いという、このケースの家族関係の特徴と関係があると思われる。

　患者からは、父親についてほとんど語られていない。患者が語るのは、母親から父親の不満を聞かされていた、ということである。患者がどう父親を見ていたかはよく分からない。暗黙の母親ルールに取り込まれ、母親のコントロールに合わせていた、患者-母親のユニットの外側に父親がいる、ということは、この患者には意識されていないのかもしれない。もしかしたら患者は、そうした外部である父親を、興味はあっても母親からの報復がおそろしくて、意識したくなかったのかもしれない。

　ディスカッションのなかでも話題になっていたように、自分のコントロールの外側の、自分とは異質なものに真に触れることは、患者にとっては未知の、怖い体験かもしれない。しかし、そうした新しい体験が、こころの成長にとっては必要なのだと思うし、こころの深い部分では患者はそういう体験を望んでおり、それが面接を受ける動機になっているのである。そして、グループにおいても、発表者はそれまで考えていたこととはぜんぜん違うこと、ある意味、異質なもの、すなわち他者と出会う体験をすることになる。その体験は発表者を新しい理解の地平へと導いていくのである。

**Q** ケースに対する強い陰性感情があります。そのことを意識はできるのですが、治療中にそれが態度に出てしまって抑えがきかなくなるのではないかと心配です。どのようにしたらよいでしょうか。

**A** 治療者が自分の情緒を使い、患者とこころの交流をすることによって治療の進展が図られる精神分析的な心理療法においては、さまざまな情緒が治療者に喚起され、なかには、嫌悪感や恐怖感など激しい感情の嵐のような状況を生じることもありえます。時には患者を罵倒してしまいたくなるような陰性感情を感じることもあるかもしれません。実際にそのようなことをしてしまったら、治療は成り立たなくなってしまいますが、だからといって、そうした陰性感情を押さえ込めればそれでよいというわけでもありません。

　治療者が感じる情緒について整理してみましょう。精神分析的な治療では、治療者が治療のなかで生じる患者への情緒的な反応は逆転移と呼ばれ、治療者の個人的な葛藤から生じる面と、患者によって喚起された、患者からのコミュニケーションへの反応としての面があると現在では考えられるようになりました。この逆転移の二つの面は、明確に分けることが難しいかもしれませんが、両方の可能性を考えておくことは大切です。

　まず、治療者の個人的な葛藤から逆転移を生じている場合です。それが大きくなると、患者から喚起された感情と、治療者自身の過去の葛藤的体験が重なり、ときにはそれらの区別がつかなくなり、自分に生じた感情に圧倒されて治療的な関わりができなくなってしまうかもしれません。このような逆転移のために患者を理解し援助するための治療者の能力が阻害されてしまう場合は、治療者自身が面接治療を受けることを勧められてきました。

もうひとつは、患者からのコミュニケーションへの反応としての逆転移について。初心の臨床家は、患者への感情を恐れたり罪悪感を抱いたりして、自分に生じた逆転移を否認しようとしてしまうかもしれません。Qを提出された人は、患者への陰性感情を意識できていますが、それを抑えようと思う気持ちには、そういう部分があるかもしれません。しかし、そういう逆転移を生じるのも臨床の大切なリアリティであって、患者をより深く理解していくための道具でもあるのです。上のケース5の場合では、発表者は患者が長々と自分のことを話すのを揶揄したい気持ちになったり、患者の治療をコントロールしようとする言動に辟易したりしていましたが、患者がそのように相手を辟易させてしまうようなことをしてしまう気持ちの背後にある、患者が相手に受け入れられて守ってもらえるかどうか不安であること、そのために相手をコントロールしてしまいたくなってしまうのを、発表者がグループにケースを提示するときの自分の不安を話して、患者の不安とパラレルなものとして実感して理解したということがありました。

　治療者は、自分の逆転移について一人で考えていても、そういう逆転移を生じるプロセスは無意識であるために、患者の理解にまで到達することは難しいことが多いと思います。そのために、個人スーパーヴィジョンや事例検討会でケースを提示して、率直に自分の逆転移を吟味していくことが必要になるのです。

　逆転移のふたつの面について述べましたが、どちらの場合でも、患者に対して生じた感情は、治療者のなかでごまかしたり否認したりせず言語化し、その意味について、治療者自身にとっての意味や患者のこころの状態を推測する材料として考えていく姿勢が大切だということです。

　最後に、逆転移の直接的な表出が治療の進展につながることがある印象的な例を引用したいと思います。それは、Nina Coltatoというイギリスの精神分析家が書いた『ベツレヘムに向け身を屈めて歩くこと』という論文のなかにあります。Coltatoは自殺の危険のあるうつ症状を持つ50歳代の独身男性の精神分析的な治療をおこなっていて、当初は治療により症状が改善されていましたが、治療を始めて三年が経ってから、患者は話すことをやめて暴力的とも言えるような沈黙に入ってしまい、Coltatoがそれまで長年にわたって学んだ沈黙に対するアプローチをあれこれ試しても効果がありませんでした。重苦しい雰囲気が分析にもたらされ、患者は寝椅子に

横になろうとせず、対面でColtatoを見つめる患者の目が陰険で恐ろしいものになっていきました。あるときColtatoは患者の殺人的な攻撃に対して『私は一秒たりとも我慢できない!』と患者に叫びました。その出来事で分析の流れが変わり、やがてその患者が母親に対していかに根源的な憎しみを抱いていて、他の人間とともに、それを報復として受けることなく、共に体験して耐えることを必要としていたということが理解されていったのでした。このような逆転移の直接の表出はめったにうまくいくものではないかもしれませんが、治療のなかで治療者が感じる感情を抱え、向き合っていたからこそ生じた例なのだと思います。

## ケースの概要

　30代女性である。彼女は影の薄い父親と矛盾を押し付けてくる母親のもと、気持ちを受けとめてもらう体験をほとんどできずに生きてきた。彼女にとって両親は「何を言ってもわかってくれない」存在であり、彼女は幼少期の頃から周囲の人間に嫌悪感を抱いていた。彼女は他者の言動に対して感情的、被害的になりやすく、深い友人関係や恋愛関係を持つことは難しかった。幼少期の頃から、集団の場を苦痛に感じていた彼女は、次第に頼れるのは自分しかいないと考えるようになった。
　社会人になると彼女は一人暮らしを始め、孤独ではあるが趣味を楽しむ生活を送るようになった。しかしあるとき、すでに結婚して子どもをもつ兄に、独身生活を謳歌していることを皮肉交じりに批判され、それ以来、彼女は趣味にまつわる活動が出来なくなった。そのすぐ後、彼女は経済的な理由から、実家に戻り両親と暮らすようになったが、趣味活動が出来ないことは変わりなかった。その後、彼女は、「好きなことをしようとしても兄の批判が思い浮かび何もできない」と、私の勤める自費の相談室を訪れた。

　前任者との治療を開始した彼女は、開始当初から気分の不安定を理由にオンディマンドでの面接時間の延長を求め、前任者は、ある程度の制限は設けながらも応じていた。彼女はそういった依存的態度を見せる一方で、前任者の言葉尻を捉えては急に怒り出すことも多く、すぐに陰性転移が目立つようになった。彼女は面接の多くの時間を前任者への不信を訴えることに費やしていたようだったが、その頃、前任者の退職が決まった。その数ヶ月後、面接を引き継ぐこととなった私と面接が開始された。

　引き継ぎにあたって、私は面接時間の延長には応じられないことを伝えたが、彼女はこれに強い抵抗と怒りを示し、「冷たい」と責め

立てた。面接で彼女はいつも、家族に対する恨みつらみや、「勝ち組」である人々への劣等感を語った。彼女は、「結婚して家庭をもつのが幸せ」という一般的な価値観をもつ両親や兄とは合わないと言い、彼らを強く責める一方、既婚者や能力の高い者に対しては強い妬みと劣等感を抱き、「負け組」である自分を卑下した。彼女にとって、既婚者や成功者は好きなことをしても許されるが、独身者は好きなことをする価値もないと捉えていた。彼女の話は冗長で要点が捉えにくく、また、彼女は感情が高ぶるとすぐに涙を見せた。彼女は、自分は弱くてすぐに泣くから女性に憧れるのだと言った。実際、彼女は私の頼りなさを糾弾しながらも、時折、私の冷静さが羨ましいと語ることがあった。悔しそうに顔を歪ませるその姿は、彼女が攻撃的な態度の裏で抱えている、自分の弱さに対するやり切れなさを感じさせた。

彼女は、自分の話に対する私の相槌や介入が少しでも気に食わないと、それをきっかけに私への攻撃に転じるということを、ほぼ毎回のように繰り返した。彼女は、私が自分の苦しみを理解していないことや、その言葉が「響かない」ことを非難したかと思えば、『私が悪いのですか』『悪くないと保証してください』と涙ぐみながら言い募った。私は、彼女は自身の弱さを私に投影しており、このような態度は私への依存と不安のあらわれでもあるのだろうと頭では理解していたが、内心では本当に治療者として機能できていないのではないことを恐れる気持ちも抱いていた。

今回、グループにこのケースを出すことにした理由は、彼女を前にしたときの不自由さの感覚にあった。目の前に対峙する相手の強い感情に揺り動かされ、十分に感じられず、考えられず、動けないという状況を何とか少しでも変えたいと思い、提示することにした。

報告するセッションは、彼女とのあいだで面接回数を週1回から2回へと増やすこととなり、その週2回での実施を始めようとした回のものである。彼女は、毎回、終了時間近くになると面接時間の延長を求め、それはできないとする私とのあいだで押し問答のようなかたちとなっていた。あるとき、彼女は週1回50分では足りないと言い、以前に私が提案した面接頻度を週2回に増やすことを希望した。私は、彼女からその提案が出たことを驚きつつもそれを承諾した。面接開始から約半年ほど経った頃だった。

## プロセスノート

#19 彼女は硬い表情で、前回の面接で取り決めた週2回の実施について、『やっぱり毎週2回となるとお金がきつくて』と切り出した。最近、職場が変わったため、ここに通うのに時間がかかるようになったのだと付け加えた。私は、週2回の話が出た頃から、治療の場を別の施設に移せば料金を抑えて週2回実施できると考えていたこともあり、その提案を伝えようか迷ったが、彼女は、今度の休日に兄の子どもが家に来ることが嫌でたまらないと話し始めた。

　兄の子どもが来る日程が書き込まれているカレンダーを見てしまうのも嫌だと顔をしかめて苦しげな声で切々と訴えたが、私は「週2」の件が気になり集中できないでいた。話がひと区切りしたところで、私が、〈カレンダーも急に目に飛び込んできて、家にいても安心できないのだろう〉と伝えると、彼女はフッと皮肉っぽい笑みを浮かべて黙り込んだ。彼女は、『そう言ってくださるのはありがたいんですけど』と、皮肉っぽい口調で切り出した。『やっぱり兄が正しくて私が間違っているんですか』と、これまでに何度も繰り返した質問を投げかけてきた。私は半ば辟易した心地で〈間違っていないと思います。でも、私にいくらこう言われてもあなたのなかには残らないみたい〉と伝えたが、彼女は堂々とした態度で、『ぜんぜん響かないんです!』と言い切った。

　週2回に向けて互いに希望のようなものを抱くことができ、比較的穏やかだった前回の雰囲気とは打って変わった、いつもどおりの彼女のイライラした様子に、私はやはり週2回実施した方がよいだろうと思い、〈先週よりもイライラしているようだけど〉と切り出すが、彼女は途中で『イライラしているし、これじゃあ来ている意味ないし。あとこれもイヤ!』と声を荒げて、机の上にある置き時計を文字盤が見えないような向きにして伏せた。『時間を計られてるし、料金は高いし。意味ないです!』と怒鳴った。突然の激しい情緒に圧倒されながらも、〈ではもし料金がもう少し低か

ったら〉と言いかけると、『お金じゃないんです！』と叫び涙をこぼした。

　彼女は急にトーンを落とすと、お金の問題ではなく、自分が100％間違っていないという保証が欲しいと言って黙り込んだ。私が、以前より私にいろいろな話が出来るようになった分、返って苦しい部分もあるのだろうかと言うと、彼女は心外だと言わんばかりに聞き返したが、『別に』と答えた。静かになった彼女に、私が改めて別の相談機関でもう少し料金を抑えて週2回を実施することについて打診すると、彼女は少し黙った後で、一回試してみたいと答えた。

　少しの沈黙の後、彼女は、職場の話を始めた。ある職場の先輩に家族について相談したところ非常に心配してくれたと言い、あれほど優しくされると思わなかったと涙ぐんだ。続けて、有能かつ既婚者である職場の人への劣等感を語り、そういった成功者ではない独身の自分は好きなことをしてはいけないのだという持論を展開した。しかし、ここでも彼女は途中から私の相槌を『やっぱり響かない』と責め、これでは面接を2回にしたところで無駄になるのではないかといった批判を始めた。私が、〈2回にすることは支えになる気もするけど、それでも変わらなかったらどうしようという心配もあるよう〉と言うと、彼女は頷いて黙りこみ、苦々しそうに顔を歪ませた。

　面接を辞めてはいけないのかと質問する彼女に、私が強制ではないことを確認すると、彼女は『だって、辞めるっていうと困った顔するじゃないですか』と少し笑いながら言い放った。図星を突かれた私は恥ずかしさを覚えつつ〈あなたのなかにも「困らせたい」という感じがあるのでしょうか〉と返すが、彼女は答えなかった。その後も彼女は質問攻めを続け、終了時間が迫ってきた。時間に私が気を取られているのを察した彼女は脅すように、自分は面接を辞めようと考えているのだと言った。私が、辞めたい気持ちもある一方で、私に意地悪をしたいような気持ちもあるのだろうと伝えると、『なんで、考えていることがわかるんですか？』と声をあげて笑い出した。私は、それは以前言っていた、「私

を突き詰めたい気持ち」と似ているのだろうということ、また、意地悪で言いたくなるその気持ちについてここで考えていく方がよいだろうことを伝え、面接は終了した。

#20 初めに私が、改めて、週2回の実施をどうして辞めることにしたのか教えて欲しいと聞いた。彼女は、いまでも響かないのに回数を増やすのもどうだろうと思ったと答えた。私が、そうであれば、今回は週2の実施は見送ると伝えた。

　頻度の話が終わると彼女は、先生の言葉は響かないのだから仕方ない、と言い訳のように言い、『いつになったら響くんですかね?』と皮肉っぽく聞いてきた。私が、〈あなたはそうやって聞くことで、私を確認せずにはいられないみたいですね。私を本当に信じていいのか、頼ってもいいのか、確認しているみたい〉と伝えるが、彼女は『そうです』と開き直ったような態度で言い切った。

　彼女は続けて、自分はいま、休日に兄の子どもが遊びに来ることばかりを考えているのだと話し出した。子どもと会わなくて済むようにその間だけ外出するためにはどう言い訳をすればいいのか教えて欲しいと彼女は迫り、私は、ここは解決策を教える場ではないと伝えつつも、支持的に接したい気持ちが湧いて、結局、これまでに使った言い訳を使ってみてはどうだろうという提案をした。彼女は、それはいい案かもしれないと同意し、少し気分が晴れたようだったが、すぐに『でも、兄の子どもに懐かれていて、こっちに寄って来るからどうしたらいいかわからなくて』と顔をしかめた。私は、その言葉に私や職場の先輩のことを連想し〈その子に対してだけでなく、あなたは距離が近くなる人にはどうしたらいいかわからないみたい〉と伝えるが、彼女は黙りこむだけだった。

　続けて彼女は、先週、ある資格を取得したと話したが、祝いの言葉もない母の反応は、彼女にとって、自らお金を払って努力してきた過程をないがしろにされていると感じられたようだった。彼女は絞り出すような声で、『やっぱり独身の人間が好きなことにお金使うのはダメなんですか』と言った。私が、まるで彼女自身

がそう思っているように聞こえると伝えると、彼女は間髪いれず『やっぱり響かない!』と返してきた。しかし、それは普段と異なるタイミングであり、まるで取ってつけたように聞こえた。私が〈急に話が変わりましたね。なにか、あまりお話ししたくないことに触れたのかなと思いました〉と言うと、彼女は何も言わずに黙った。

　しばらくの沈黙の後、彼女は職場で上司に、つい、面接を受けていることを話してしまったというエピソードを話し始めた。もともと上司は心の機微がわからないタイプであり、彼女の気持ちをくまない反応をしたため、彼女はそれに腹を立てたのだった。いつものことながら彼女の語りは冗長で、主語が省略されることや話が飛ぶことが多く、私はやや混乱しながら聞いていた。話の最後に彼女は突然、先週話に出てきた先輩と上司を比較し始め、相談したときの反応が二人はまったく違うと、なぜか困惑したように言って話を終えた。私には、先輩と上司は、彼女のなかの二つの治療者像であると同時に、それらと相対する彼女の二面性でもあるように思えた。

　終了時間が迫っており、彼女は私の反応や面接を、「響かない」「意味がない」と責め始めた。そのまま5分ほど延長した。私がそれを告げると、彼女は『ルールのことばかり言うならもう来ないです!』と大きな声を上げ、面接室は張りつめた雰囲気となった。私が〈ルールのこと言われるとあなたを蔑ろにしているように感じるのでしょうか〉と問うと、彼女は黙り込んだ。黙ったままの彼女に、私が〈ルールを尊重するよりも、時間が終わるのが辛いのをわかって欲しいっていう気持ちがあるのでしょう〉と言うと、彼女は『そうだったら何かしてくれるんですか』と挑発的に言い放った。

> ディスカッション

**スーパーヴァイザー** ではみなさん、いかがでしょうか。

**スーパーヴァイザー** そもそも、なぜ面接を週2回にしようと思ったのでしょうか。

**発表者** 面接を開始した当初、時間について彼女の方から、「50分では足りない」と言われ、私も半ば苦し紛れに、「時間を延ばすことはできないけれど、週2回にすることはできる」と伝えたという経緯がありました。そして、最近になって再び彼女に、「時間を延ばしてほしい。週2でもいいので」と言われたという流れでした。私としても、その方が彼女を抱えられるのではという思いもあったので承諾しました。

**スーパーヴァイザー** つまり、発表者としても、週2で面接を行いたいという気持ちがあったということですね。

**発表者** ありました。というか、かなりありました。

**スーパーヴァイザー** 彼女もそれを感じているのでしょうか。つまり、発表者が週2回でやりたいと思っているということは、彼女にも伝わっていると思われますか。

**発表者** 伝わっていると思います。特に今回、提示した回では、一度、彼女が週2回を断っているのですが、私の方から料金と場所を変えて打診しているので、余計にそう感じたと思います。

**メンバー** 彼女が何度も言う、発表者の言葉が"響く、響かない"というのはどのような意味なのだろうかと思いました。本当は響いているけど響かないと言っているだけなのか、響かせたくないのか。その点についてはどのように感じますか。

**発表者** 響いたら響いたで、それも悔しいというのはあるような気がします。私の言葉が彼女に入っている、つまり響いているように感じられるときもあるのですが、響かせたくないし、響いていると自覚したくないし、それに気づくのも怖いという気持ちがあるように思います。

**スーパーヴァイザー** そのことを彼女に伝えたことはありますか。

**発表者** ないですね。

**スーパーヴァイザー** それはなぜでしょう。

**発表者**　そうですね、最近になって、やっと彼女との関係性、依存や頼りたい気持ちに触れることができるようになってきたと感じています。それ以前は、そういうことを言ったら彼女が怒りそうで言えませんでした。だから伝えられなかったのだと思います。ただ、最近は、依存心や頼りたい気持ちに触れると入るような感触があります。伝えられたらなと思います。

**スーパーヴァイザー**　結局、彼女はどのような人なのでしょうね。

**発表者**　どのような人。うーん、そうですね。情緒が不安定で、自分の情緒に圧倒されていて、それをおさめられないし抱えられない人だと思います。他者との関係性でも、攻撃的になるか自虐的になるかでしか関われないような。

**スーパーヴァイザー**　こころの器がないということ。

**発表者**　そうですね、そして、人を常に"頼りない人"か"成功している人"といったような極端な見方でしか見られないような。私に対して「頼りない」、「弱々しい」と言う一方で、「芯があって羨ましい」、「強い」と言うこともあります。後者は最近、聞かれるようになったのですが、でもそうなると羨ましくて劣等感を抱くから嫌になる。かといって、私の弱いところを見ると、それはそれで自分の弱さを見ているようでイライラして攻撃してしまう。"強い私と弱い彼女"もしくは"弱い私と強い彼女"といった矛盾した関係がバラバラに存在していて、それが瞬時に切り替わるような印象です。

**スーパーヴァイザー**　ナルシシスティックな傷つきがある人で、そこを扱う必要性がある人なのでしょうね。

**メンバー**　ナルシシスティックというのはよくわからなかったのですが、どのようなことなのでしょうか。

**スーパーヴァイザー**　彼女の中核的な問題として、羨望があるようですね。だからこそ、解釈がよいとそれはそれで羨ましくて受け入れられない。関係性においても常に、"自分が上で相手が下"もしくは、"自分が下で相手が上"で、どちらでも落ち着かない。よいものが欲しいけど、実際にもらうと羨ましくて嫌になってしまうし、よいものがもらえなかったらそれはそれで嫌になる。彼女の言う、「いつになったら（発表者の言うことが）響くようになるのですかね」という言葉は、発表者に本気で関わってほしいというあらわれではあるけれど、でも実際にそうなると嫌になってしまうというナルシシスティ

ックな人の特徴のように感じます。

**メンバー**　彼女はなぜ自分はここまで"独身はダメ"ということに囚われるのか、そのことへ疑問は抱いていないのでしょうか。

**発表者**　囚われ過ぎてしまう自分に対する疑問、というかたちで話されることはないですね。「家族のせいでこうなった」という言い方をしていて、自分の捉え方や特性からそうなっているのかもしれないという視点はありません。ただ以前よりも、それについて薄っすら自覚し始めているのかなという感じはします。でもそれにも気づきたくない。

**スーパーヴァイザー**　彼女は、そのような部分が自分のなかにあることに耐えられなくて、だからこそ排除しているのでしょうね。外部に排出し、それが今度は自分を迫害してくるという構造になっているようです。自分のなかで抱えきれないということは、毎回、時間を延長してしまうことにもつながっているように思います。あと、彼女が30代という年齢を考えると、生殖機能や異性関係を考えざるを得なくなってきますね。これから女性としてどう生きていくのかというテーマに直面する年齢ですが、それについて思いをめぐらせることができないようです。発表者とのやりとり、まるで痴話喧嘩のようなやりとりで誤魔化しているようです。

**発表者**　痴話喧嘩。私も彼女といると、困った彼女をもった彼氏みたいな気持ちになることがあります。

**スーパーヴァイザー**　むしろ、私はプレイセラピーではないかと感じました。

**メンバー**　私もそう思いました。時計を倒して見えなくしてしまうところなど、まさに。

**発表者**　プレイセラピー、なるほど。先ほどスーパーヴァイザーが誤魔化していると言っていましたが、確かに、どこか2人でこのやりとりに耽溺しているというか、これをせずには終われない、といったところがあります。そのときはものすごく嫌な気持ちになるし、ものすごく落ち込むのですが。

**スーパーヴァイザー**　発表者がそういう気持ちになってくれるからこそ、彼女は面接に来るのだと思います。彼女は自分に対して真剣に困ってくれる人を欲しているから、発表者が本気で関わってくれるかどうかを常に確認しているのでしょう。彼女の質問に対して、発表者

が困って苦し紛れに答えるのを見て安心しているのかもしれません。"あなたは本気であなたのことを考えているかどうかを知りたくて不安でたまらないのですね。でも、このように言っている私の言葉も、もしかしたらあなたは疑ってしまうのかもしれないですね"と言ってみたくなります。とにかく、"気にされているし愛されているのだ"と確認したいように感じます。

**メンバー**　試し行為ですね。

**発表者**　試されているというのは、毎回、とても感じます。

**スーパーヴァイザー**　発表者の解釈がよすぎると、彼女はきっと引いてしまうのだと思います。そのようなすごい"先生"だったなんて裏切られたと。だから、ちょっと困ってくれたり、ちょっと上だったりするくらいが丁度いいのだと思います。あと、彼女は結構、わかっている人だと思います。

**発表者**　それはありますね。彼女が鋭いのでこちらもタジタジになってしまうことがよくあります。

**メンバー**　彼女は思春期のようなイメージが浮かびます。

**発表者**　幼い感じはとてもあります。最初に引き継いだときは、ものすごく扱い辛い、ぐずって泣く赤ちゃんを急に放り投げられたけれど、母親（前任者）はどこかに行ってしまったというような感覚がありました。でも、話をすると思春期のような印象はありますね。

**メンバー**　赤ちゃんみたいなところもあるのですね。強く関係を求めてくるような。そういえば、彼女が、努力しないと気持ちがわからないのかというようなことを聞いていますが、努力しなくてもわかってもらえることを求めているとは、それこそ赤ちゃんと母親といった一体感を求めている感じですね。

**発表者**　そうですね、最初の頃はよく「100％の理解」や、「まったく同じ経験」を求めることがありました。

**メンバー**　発表者が結婚しているかどうかについては聞くことはないのでしょうか。

**発表者**　ないですね。でも一度、「子どもは好きですか？」と聞かれたことがあって、何とか気持ちを解釈したりしたのですが、それでも「好きか嫌いか答えて下さい！」と言われてしまい、最終的に「それほど好きではない」と自己開示してしまいました。

**スーパーヴァイザー**　その後は？

**発表者** 落ち着いて、別の話を始めました。

**メンバー** それを聞いてどうしようと思うのでしょう。響く、響かないというのも、響かないとわかっているなら聞かなくてもいいのにと思ってしまいます。それでも聞かずにはいられない彼女がいるのだろうけれど。彼女にとって、聞くということ自体がどういう意味をもつのでしょう。

**発表者** 「私を確認したいのですね」という返しはしているけど、「聞いてどうしたいのか」とは言ったことがないですね。それはきっと、私が脅えているからなのかもしれません。それを言ったらまた、そこから追及が始まる感じがして。

**スーパーヴァイザー** 子どもが好きかどうかの返事はどちらでもいいのかもしれませんね。「嫌い」だったら「私と同じでよかった」になるでしょうし、「好き」だったら、プレイセラピーなので「私のことを大事にしている」と思うでしょうし。彼女は質問して、発表者が困って苦しむのを確認しているように思います。

**メンバー** きちんと発表者が自分のことを考えているかどうかを確認したいのでしょうね。でも実際、こういうことを聞かれたら困りますよね。

**スーパーヴァイザー** "あなたはそのように質問して、私が困っているところを想像しているのですね"と言ってもいいかもしれないですね。

**発表者** 「困らせたい気持ちがあるのでは」とか、「困らせているという罪悪感があるのでは」とは言ったことがあります。そのときは、「そうですけど！？」って開き直られてしまいました。

**スーパーヴァイザー** それこそ、恥ずかしいから強がった言い方をしてしまうのでしょう。思春期の子が「あいつのこと好きだろ」と言われて「だから何！？」と言うように。でも質問によって発表者が考えて苦しむところが見たいし、そうすることできちんと考えているかを確かめたいのでしょう。彼女はこれからも"もっともっと！"と、どんどん貪欲さが怒りと相まって出てくると思います。そうなると、発表者もいよいよ本当に困って"何なんだ！"と怒りを抱くことになる。でも、そこで保身して誤魔化さないでいられるかどうかが大事だと思います。そこで保身を認めて扱えればいいのですが、保身ばかり続けて逃げていると彼女は絶望して去っていくかもしれ

ディスカッション

ません。

**発表者** そうですね。いま、それを聞いておくことができてよかったです。

**メンバー** このようなケースって、時間延長や保証、自己開示をしてしまっては悶々と悩んだり、でも少し踏みとどまって解釈したりというその繰り返しで、そうした状態をキープしていくのが大事なのかなと思います。でも、彼女のような人は、保証ばかりだと手応えがないと感じてガッカリするけれど、逆に解釈ばかりだとそれはそれでどうなのだろうとも思いますし。このあたりはどうなのでしょう。

**スーパーヴァイザー** もしきっちり解釈をしていくなら、週に複数回の構造を考えた方がいいと思います。週1、2回の心理療法だと、漏れてしまうところがありますよね。

**メンバー** 少し違う意見になるかもしれないですけど。彼女は自分で自分を考えることができない人ですよね。彼女のような人に週2回やっていくという選択肢は意外だと思いました。私だったら、まず考える力を育てたいから、具体的で現実的なやりとりを扱っていくと思います。週1という状況だったら、外の出来事について「なぜそのように思ったのでしょうね」と一緒に考えつつ、徐々に関係性の話題にもっていくかなと思います。

**発表者** そうですね、でも彼女はまったく内省できないわけではないように思います。自分の情緒を扱えないけれど、それを感じることはできているのかなと感じます。あと、私が返したことについて気づくことは出来る人かと思います。面接の外での現実的なやりとりを扱うということについては、彼女が何らかの出来事について話した際は、「どう感じているのか、考えているのか」を整理したりするのですが、そういった現実的なことを扱っていても、途中で少しでも私が汲み間違えると、「違います」、「響かない」と一気に私との関係性の話になっていくような感じです。

**メンバー** 確かに、彼女の方が、"外のことで困っている"という話題よりも、"発表者は私のことをどう思っているの"という話を持ち出していますよね。

**スーパーヴァイザー** いま、週2回での実施についての意見が出ましたけど、心理療法の回数を増やすことを考えるときは、"この人とやっ

ていけるだろうか"というこちら側の感覚が重要だと思います。そういう意味では、発表者のなかで、経験としてやっていきたい気持ちもあったのでしょうが、彼女の切迫感や切実さをキャッチしていることもあったのではないでしょうか。

**発表者** そうですね、彼女から週2回を切り出してきたときに、"そのくらい抱えてほしいのだな"と感じました。また自分としても、もっと構造が安定すれば、もっと彼女を抱えられるだろうし、それが彼女に必要ではないかとも感じました。あと、最初から彼女は私を罵倒していますが、ある意味、私の前ではそのような部分を出せるということでもあるので、だからこそ回数を増やしたいと思ったのかもしれません。

**スーパーヴァイザー** 彼女が罵倒するのは、発表者は聞いてくれるし潰れないだろう、と思っているからやっているのだと思います。はっきり意識してはいないけれど、ぼんやりとした期待をもっていて、期待をもっているからこそ、「手応えがない」など言い続けるのでしょう。私だったら、すぐとは言わないけれど増やす方向で提示し続けると思います。

**発表者** 私は罵倒されても、彼女のことが何というか、嫌いではなくて、どこか好意を抱いています。だからこそ、彼女と週2回でやったらもっといい展開になるのではないか、彼女が安心していろいろ出せるようになるのではないかと思いました。特に、彼女の面接終了時の切迫感を感じてそのように強く思いました。

**スーパーヴァイザー** では時間になりました。今日はここで終わりましょう。

## 発表者の感想

　スーパーヴァイザーから、羨望の強い彼女にとって治療者は「すごい先生」ではなく「ちょっと上」くらいが丁度いいのだろうとコメントされたとき、改めて、そのようにしか人と関われない彼女の辛さを感じると同時に、ホッとした覚えがある。いま思うと、私は彼女との面接のなかで、「すごい先生」にならなければいけないと感じ続けていたのだろう。
　私が彼女との面接の際にいつも感じていたのは、治療者として自信がもてないという感覚であった。しかし、「自信がない」とは一体どういうことなのだろうか。そもそも、「自信がある」とはどういう状態を指すのだろうか。おそらく、私が抱いていた「自信のある」状態というのは、患者のいかなる言動を前にしても戸惑わず、過剰な自己批判に陥りもせず、腰を据えて患者の体験に思いを巡らせ理解することの出来る、「すごい先生」のようなものだったのだと思う。それは、確固たる信念を持ち、揺れ動くことのない、静的かつ超越的な存在と言えるかもしれない。この時期、私のなかには常に、じりじりとした焦りが漠然とした背景のようなものとして存在していたが、自分が「何に」なれなくて焦っていたのかは明確に意識化されないままであった。そして、グループの場で、「ちょっと上くらいでいい」と言われてホッとした瞬間、私はようやく、自分が上記のような、「すごい先生」になれなくて焦っていたことに気がついた。
　これこそが、彼女の「強い／弱い」にスプリットされる対人関係や自己像のあり様に、私自身も巻き込まれていた証なのだろう。彼女が憧れ、そして私にそうであって欲しいと願った「強い女性」という一面的な存在は、現実的ではなく、想像のなかでしかあり得ない。しかし、私は彼女の求める一面的な「強い女性」＝「すごい先生」となることを無自覚に己に課し、空回りのような焦りを感じていた。そして、こうした感覚を彼女との関係性から読み解くのではなく、ひたすらに自分の資質と関

連付けて、「自信がない」と結論づけていた。それは、家族との相互関係を考えることをせず、ただ盲目的に自己卑下と自己否定を繰り返す彼女自身の表れであり、また、彼女との関係に巻き込まれている自分を自覚するよりも、自分の「自信のなさ」として捉える楽な道を選んだ私自身の保身でもあったとも言える。

　今回、彼女を前にしたときの不自由さをどうにかしたいと思い発表を決めたが、グループの後、私は面接室での彼女との押し問答のようなやりとりにおいて、これまでよりも少しだけ自由に振る舞うことが出来るようになったと感じる。彼女の攻撃の背後にある情緒に目を向け続ける余地がわずかに生まれたとでも言おうか。こういった変化は、上記のように「強い／弱い」というスプリットに巻き込まれていたことに気づけたことや、メンバーからのさまざまな意見によって彼女や彼女と私の関係性の新たな側面を理解できたことなどが影響しているだろう。また、それに加えて、何よりも、グループでケースを発表したという体験そのものが大きく影響しているようにも思う。

　実は今回の発表は私にとって、精神分析的なオリエンテーションで行うケースの初めての発表であり、また、このグループでの初めての発表でもあった。よく臨床家同士の会話のなかで、学会や検討会などでケースを発表することを半ば冗談交じりに「去勢」と例えることがある。患者との二者関係に第三者の視点が持ち込まれることによって、ケースの理解が新たになると同時に、治療者の万能感は手放され現実的な身の丈のほどを知るという過程は、まさしく「精神分析的理論」という父の規律によって去勢される体験なのだろう。私も発表前までは、グループでの発表を去勢体験のように感じて構えていた部分が少なからずあった。

　しかし、実際の発表を終えて振り返ってみると、確かに、自分の至らなさが晒されることは去勢的な痛みを伴うものであったが、そこにあるのは決して痛みだけではなかったように思う。ケース発表によって、治療関係が第三者の言葉によって「精神分析的理論」の枠組みの元、語りなおされ、自分１人では盲点となっていた側面に光が当てられる。この体験は、私にとって、

「精神分析的理論」という父の規律が確かに大きな力を持っていることを、身をもって再認識する機会にもなった。それは驚きと同時に、私には頼るべき世界の理があるのだというようなある種の安心感ももたらした。

　こうした安心感は行き過ぎると、理論のみを偏重する教義的な態度となりかねないのだろう。しかし、当時の私にとっては精神的な拠り所となった部分が大きく、彼女と向き合う際、以前よりも少しだけ自由に振る舞える余裕を与えてくれた。もちろん彼女の言動に動揺し思い悩むことがなくなったわけではないのだが、そのように揺れ動く治療者であり続けることが、治療にとって確かな意味をもつのだということをこころに留められるようにはなった。これはあくまで内的な変化であり、些細なものだ。だが、治療に必要な治療者の態度というのは、些細な変化を積み重ねていくことによって少しずつ身についていくのだろう。

　冒頭で私は、そもそも「自信がある」とはどういう状態なのか、と自問した。いまの私に明確な答えはまだ出せないが、もしかすると、このような過程の繰り返しこそが、「すごい先生」になることとは異なる、本当の意味での「自信」へと至る道なのかもしれない。この暫定的な予想が本当かどうか、それは今後の自分の体験で確かめていきたいと思う。

## スーパーヴァイザーのコメント

　発表者は、文字通り四苦八苦している。そしてどうやら、発表者の戸惑い格闘する様子を、患者もよく観察しているようである。面接は、一貫してこの特徴に彩られているように見えるし、発表者もその点をよく自覚しながら、グループに助けを求めている。

　実は私は、この原稿を読みながら、グループでのスーパーヴァイザーとしての自分の発言を、いくらか悩ましく思っている。ディスカッションのなかで私は、患者が発表者を困らせたいと感じていることに焦点をあてている。発表者の戸惑いには、「先生を困らせたい」という患者の気持ちが影響しており、発表者は困るべくして困っているという点を論じている。しかしいまの私は、この「困らせたい」という言葉の選択に、やや違和感を覚えるのである。

　もちろん、この日の発表とディスカッションの様子はある程度記憶しているし、この患者にナルシシズムの問題を感じるという基本的な理解は、いまも変わりない。そして、患者が発表者を困らせたいと感じているという理解も、消えてなくなったわけではない。ただ、「困らせたい」という言葉だけでは不十分な気がするのである。

　足りないのは、「先生の言葉は響かない」と繰り返すしかないような、関わりを求める患者に対する働きかけである。発表者に文句を言って困らせながら得ようとしている、甘えの気持ちをとりあげる言葉である。困らせるという行為そのものに焦点をあてるだけでなく、困らせるという関わりを通して得ようとしている二者関係に焦点をあてたい（もっとも、「困らせたい」や「プレイセラピー」という表現にも、ある程度この意味は含まれている）。

　どうして私は、彼女のこの対象希求をストレートに取り上げなかったのだろう。

　患者は何度も「先生、もっと関わってよ！」「もっと私を見て

よ！！」と叫んでいるように見える。この声が、あまりにもあからさまだったからだろうか。執拗と言えるほどに繰り返される訴えゆえに、発表者も含めたグループの誰もが患者のこの希求に気づきながら、それをあえて取り上げなかったのだろうか。

「響かない」と言いながら発表者を求める彼女は、保証を求めているのだとも明言している。自分はこれでいい、という証を求めている。「兄が正しくて私が間違っているのか」と問う患者に困り辟易しつつある発表者も、押し切られるように間違っていないという保証を与え、そして「私にいくら言われてもあなたのなかには残らないみたい」と伝えている。彼女からすると、これは「私（発表者）は正しいのに、あなた（患者）が間違っている」と聞こえるかもしれない。そして、発表者を困らせたいところがあるのだろうと発言している私もまた、ことさら彼女の問題を取り上げる位置に立っているのかもしれないのである。

おそらく、これが彼女とのあいだで生じる転移であり、彼女の苦しみの一部を端的に表しているのだろう。明らかに彼女は求めている。しかし彼女から発せられる声は、受け手にまっすぐ届きにくいものが多い。結果として、母／発表者から「あなたが悪い」と責められているように感じられるような関係が展開してしまう。

それでは、彼女はいったい何を望んでいるのだろう。彼女の言う「響く言葉」とは、いったい何なのだろうか。

この問いに対する答えを面接室のふたりが手にするためには、おそらくまだしばらくの関わりが必要だろうと思う。そしてここからが、治療面接の始まりであるとも感じられる。

いまの時点で明らかなのは、発表者と患者が困難という感情を共有していることである。この共有が、もしかすると面接プロセスのうえで重要なのかもしれない。「保証が欲しい」「心に響く言葉が欲しい」と繰り返す患者は、淋しさと空虚に身と心が沈んでいるように見える。だからこそ発表者との体あたりの関わりが重要なのだろう。

患者の苦悶を体験して困難を共有しながら、私たちは、この患者が身動きの取れないような隘路に身をおくことでしか伝えられないものが何なのか、考えつづける。構造を揺さぶろうと

する患者が、どうしてそうしようとしているのかに思いを巡らせる。そのためには、構造への揺さぶりに応じないという一貫した姿勢も重要である。そして、患者についてすぐわかった気にならず、自分の解釈や仮説が正しいと慢心することもなく、何だろうかと考えつづけることが必要であるように思う。この関係をくぐり抜けるなかで、治療者が自分の心を使って感じ考え、そのなかから患者に何かを差し出そうとすることに意味があるのではないかと思う。困難を認めつつ、「困難」と決めてかからずにいたいものである。

「もっと私のことを分かって」と叫ぶ彼女は、おそらく、簡単に分られることを恐れている面もある。患者によっては、容易に分かりすぎる治療者をマジシャンのように感じることがあると指摘したのはウィニコットだが、もしかするとこの患者も、すぐに分られるのではなく、二人でくぐり抜けた先に一緒に何かの地点に到達することを望んでいるのかも知れない。

いずれにしても、私たちが精神分析的心理療法で出会う患者の多くは、大なり小なり治療者とのあいだに「難しい局面」をもたらす。私たちは、精神分析的心理療法が、つまり転移が、あたかも私たちを飲み込む一つの生き物であるかのようにうねり、進行していくのを感じる。このプロセスのなかで大観される困難や行き詰まりは、この種の心理療法にとって必要条件といってもいいくらい一般的である。すんなりとは進んでいかないし、すんなり進んでいるとしたら、何か重大な問題が進行しているのではないかとさえ思う。

転移に身をおき続けることは、私たちの情動が強く揺さぶられることでもある。私たちは情動に身を浸しながら、患者をそのまま体験しようとしている。自分自身が情動的でありながら、それを活用して患者の情動を取り扱おうとしている。だからこそここで展開される営みは難しい。そして、底抜けに面白い。

ここに綴られている臨床的な営みを通して、患者の苦悩に少しでもあたたかな光が差すことを願うとともに、「いま-ここ」にからめとられすぎている発表者が、空間を取り戻し、そして新たに始まる次の展開を報告されることを心待ちにしている。

**Q** 理論を学んだり、個人やグループのスーパーヴィジョンを受けると、臨床はどのように変わるのでしょうか。あるいはどのように変わるべきなのでしょうか。また、この心理療法を学ぶためには、やはり、自分自身の治療を受けることが必要なのでしょうか。

**A** 本書にも原稿を寄せていただいた精神分析家の藤山直樹は、精神分析を「営み」と形容しています。精神分析は、ある一定期間、ふたりのあいだで交わされつづけるもの、ある一定の約束事にしたがって継続されるものです。この約束事から外れた瞬間、それは精神分析とは異質のものに変わります。約束事があり守られるからこそ、そのなかで展開する営みが意味を持ち、真に分析的なプロセスが真実のものになると、藤山は指摘しています。

　私たちは、訓練によってこの「約束事」を身につけようとしています。そして、ある一定の約束事が守られつづけたとき、面接を続けるふたりに何が生じるのか、その可能性を学んでいきます。約束事も理論ももたないまま面接に臨むというのは、羅針盤をもたずに航海に出るようなものかも知れません。いや、そもそも航海に耐えうるだけの船すら用意されていないのかもしれません。十分な訓練なしに面接を進めるということは、たとえていうならば、太平洋の大海原に、自己流の泥船で出立しようとすることと似ているかも知れません。

　ところが同時に、どれだけ学んだところで、今日この後のセッションで何がおこるかわからないというのが、分析的なプロセスだとも言えます。それは、精神分析や分析的な考えをもとにした心理療法が、無意識を扱うものだからです。それはすなわち、私たちがいかに学び、知識を増やそうとも、ひとたび面接が始まったら、そのプロセスは私たちの意識的な思いの通りには進まず、ふたりの無意識の混ざり合いのなかで進んでいくとい

うことです。

　理論を学んだり事例を詳細に検討することは、精神分析的心理療法というものがどういうものなのか、体験を通して触れていくということなのでしょう。無意識の流れととともに進んでいく精神分析的心理療法には、意識を取り扱う心理療法とは異なり、面接プロセスに"身を任せる"という姿勢が求められるようです。治療者が何かを成し遂げるのではなく、精神分析的心理療法という枠組みのなかでふたりの無意識が織りなすプロセスが、面接の進展に不可欠な事柄を進めてくれるのです。

　私たちが精神分析的心理療法について学ぶことは、これらのプロセスを少しずつ知っていくことに他なりません。それはおそらく、精神分析的心理療法に臨むということはどういうことなのかについて、私たちが実感とともに体験を通して分かるようになるためのプロセスではないかと思うのです。この学びの途上で、たとえば患者の病理に関する分析的な知見を習得するでしょうし、たくさんの分析家たちが積み上げてきた分析理論を通して、患者の無意識を見る目を養うことができるようになっていくことが期待されます。しかしこれらの知識は、あくまでも体験を理解するために用いられるものです。理論のための理論ではなく、体験のための理論です。裏を返せば、分析プロセスについての実感が伴われないまま、あるいは無意識に身を任せるという臨床的な事実の本質が充分に理解されないまま、分析理論を頭のなかに集積しているだけなのだとしたら、その臨床家は精神分析に関する物知りかもしれませんが、分析的な臨床家とはいえないかもしれません。

　自分自身が治療を受けるということも、同じ文脈で考えることができるでしょう。しばしば指摘されることですが、治療をうけたところで優れた臨床家になれるわけではありませんし、高潔な人間ができあがるわけでもありません。しかし、精神分析的な心理療法がどのようなものなのかを知ることはできます。自分自身のうちにある無意識の存在を知り、無意識に身を任せるという意味が体験的に分かるかもしれません。自分について理解が深まり、自然に自分自身でいられるようになるかもしれません。もしかすると、治療をうけることで、自分が何か意味ある存在になれるかも知れないという自己愛的な幻想をもっていたことに気づき、この幻想を手放すということがあるかもしれません。でも、あえて言えばそれだけのことです。何か劇的なことがおこるわけでもありません。でもそれは、劇的はないという点に、非常に重要な意味が含まれているとも思うのです。

私は、ここに記してきた内容が抽象的で、「こうなっていくもの」という具体的な姿を提示していないことを自覚しています。Qに対する明確な答えを記載しているわけではありません。しかし、「こうなっていくもの」とは言えないのが精神分析的心理療法であり、ましてや「こうなるべき」という発想が精神分析的ではないとも考えています。「どうしたらいいのか」という問いに対して、前もって用意される答えはありません。無意識の心理学を学ぶということは、そういうことではないかと思います。ここに、意識心理学から無意識心理学への転換の難しさがあります。そして何よりも、無意識を扱う営みの面白さが、ここにあると思うのです。

## ケースの概要

　20代の男性。背が高く、ボサボサの髪の毛が印象的だった。「自分の性格や人生について考えたい」と自費の相談室を訪れた。彼は社会的には成功を収めていたが、仕事や生きることに充実感も楽しみも見いだせず、惰性のような日々を送っていると語った。将来、結婚するために社会的に地位の高いいまの仕事を選んだが、仕事に何の魅力も感じないと語った。
　人生に何の魅力もないと感じるようになったのは幼少期に難病を患ってからのようだった。彼は病気が自分に与えた影響についてわかっていると語ったが、その影響は否認されたままであるように感じられた。面接開始から1年半までは、支持的心理療法をおこなっていた。難病による症状の悪化が認められるときには上司に相談し、仕事量を調整することなどがその目標となっていた。
　しかしこの目標はほとんど達成されず、「誰も自分のことを助けてくれない」という迫害感を語り始めた。それが彼の抱える困難かもしれないと考え、週1回の精神分析的な心理療法を導入した。

　彼は相変わらず、職場への不満やいかに自分が不幸であるかを語った。しかしそれは当然のことで、「誰にも自分は救えないのに、救いを求めている自分はおかしい」と繰り返した。半笑いで語る彼に、私は苛立ちを抑えつつ〈本当は笑っていられないほど、理解されない怒りを抱えているのですね〉と伝えると、彼は一瞬、真顔になってそれを認めたが、すぐにまたそれを笑い飛ばした。しかし少しずつ彼は、幼少期からの難病によって悩み苦しみ続けてきたことを語り始めた。彼の両親はともに社会的な成功者で、父親は高学歴であり、母親は芸術活動に勤しんでいた。そのため難病の彼ではなく、難病を我慢する彼を求めているようだった。難病の症状が再燃してもなかなかそれを取り扱ってくれず、我慢するように強いる両親に育てられ、彼は病気を他者に話すことや苦しみを表現することを禁

止した。そして彼には、その病気になってしまったことに対する強い罪悪感があるようだった。彼は死にもの狂いで仕事をし、両親の願う「病者でない生活」を手に入れようとし、仕事をただひたすらにこなす日々が彼の「償いの日々」だったことが、私たちのあいだで共有された。

　私は彼の苦しみの一端にやっと触れられたような気がしたが、彼は「先生やみんなは健康ですからね」と自分の苦しみは到底、理解できないと語った。彼は両親に対しても健康だから仕方ないのだと語った。この「健康だから仕方ない」というフレーズは繰り返し使用され、その度に私は排除されているように感じた。私は、無力感を押し込まれ、気が遠くなるような感覚を抱き続けた。

　彼は難病について語ってから、病気を理由に仕事量を減らす自分を私が軽蔑しているに違いないと語るようになった。そのうえで、「それは自然なことだから構わない」とも付け加えた。彼の苦しみを受け容れなかった両親と同じように私は見られていた。私は彼によって「彼の病気を理解できない対象」であると決めつけられたうえに、「健康だからそれで仕方ない」と仮初の許しを得ているようだった。私は身動きの取れなさとともに、自分の主体性を強く奪われていることに怒りを感じた。このように自己の内的世界のなかに引き込もり続ける彼に、軽蔑にも似た気持ちを抱くこともあった。この怒りや軽蔑感といった感情に私は苦しみ、正常に考えることが難しい状況に置かれていた。

　まったく交わり合えないことに、私は途方にくれていた。そのため私は、彼の想定する他者とは異なる考えを持っているということを自己開示してしまうこともあった。また私が、独自に考える対象であるということを明示していった。彼はこの解釈に驚きを示しつつ、私をパーソナルな個人として見ることは、求めすぎることになりそうで怖いと語った。私が専門家として反論せず話を聞く限り、私が少なくとも敵ではないと彼は認識でき、その専門家としての仮面の裏の私に出会うことは非常に怖いことと体験された。私は彼が本当に孤独なのだと改めて痛感した。

　3年が経っても、彼の他者に対する被害感や迫害感は減少することはなかったが、罪悪感の緩和は少しずつ見られ、「主体的にやりたい

ことを選んでもいいのではないか」と考えられるようになっていった。そして現実的な変化として、彼は新たに興味を抱いたある専門資格を取得することを目標に動き始めた。自分の興味に関した活動は、彼が遠い過去にあきらめていたものだった。ただ彼は、仕事をしながら自分の好きなことを勉強することは周りから非難されると迫害的な恐怖感を強めていった。

　しかし、「この恐怖感は自分自身が生み出しているに過ぎないのではないか」という思いも芽生え始めた。またこの頃から、私の解釈に対する違和感や不全感を語ることも増え、表面的ではない交流が多少なりとも生じるようになっていた。

## プロセスノート

#205　彼は試験に向けて焦っているようだった。試験がせまっているのに、勉強が足りていないと語った。一方で、追い詰め過ぎるのもよくないとわかっているのだと笑顔を見せた。そして『この試験に失敗したら、結局、自分はやりたいことをやっても駄目だと思ってしまいそうで怖いですね』と付け加えた。私は、〈実際に自分を追い詰め過ぎるのはよくないと本当に思っているわけではなく、むしろ、もっと！と思っているように感じます〉と伝えた。彼はそれを肯定するかのように、いまさら自分のやりたいことを始めたところで大丈夫なのかと焦りがあると言い、この資格を取ったらそれを活かせる仕事に転職して活躍したいと続けた。私は、さすがにそれは非現実的ではないかと思ったが、そう思わないと迫害的な世界から抜けられないと感じているのだろうと切なさも抱いた。彼は、「活躍できなかったときに自分を責めるのは自分自身かもしれない」と語った。

　少し沈黙した後、昔の自分はキャラを演じていて、そのキャラの軽薄さのために友人からバカにされており、それは自業自得だったのだろうと話した。私が〈そのように扱われることは、本当はとても不愉快だったのですね〉と言うと、彼は素直に肯定した。

　彼は改めて、『自分はまだまだやらないといけない。先生にはやり過ぎだと思われるかもしれないですけど』とつぶやいた。私が、〈過去をすべてかき消して、この資格を取って人生を取り戻さないといけないと焦っているのですね〉と伝えると、肯定した。

　彼は急に『俺、そんなに頑張っていますか』と尋ねた。彼のなかには「頑張り過ぎだからもっとゆるめるように」と思っている私が想定されているようだった。私が、〈私たちにズレが生じているようです。私が言ったのは、追い詰め過ぎはよくないとあなたは自分に言い聞かせているようだけど、むしろもっと追い詰めないと、という焦りが本当の気持ちなのではないかということです〉と伝えた。

彼は困ったように考え、沈黙した。私はやや自己開示的になってしまうことを意識しつつ、〈それほど自分を追い込まなくてよいのではと考える私は、あなたの過去の屈辱感や恥ずかしさなどを十分に理解できていないということになるのかもしれないですね〉と伝えた。彼はしばらく考え込み、『理解できていないとまでは思っていないですが』と再び沈黙した。そして、『先生は、私の過去の失敗に伴う屈辱の気持ちと、今の自分を追い詰めることが、関係していると言っているのですよね。それは考えていなかった』と語った。私は〈どのような成功を収めても、あなたの過去の苦しみは消えることはないと思う。そしてそのことはあなたもわかっていると思う〉と伝えると、彼は肯定しつつも、『過去を消すことができるのではないかと期待している気持ちもある』と語った。

彼は改めて『本当に、昔は屈辱的な思いをさせられてきた』とつぶやいた。彼は理想的な自分になることや、資格を取ろうとしていることは自己決定であり、それは前向きなことだと語り、この資格を目指す決断に至るまでの自分の人生はないも同然だと自嘲気味に笑った。私が、〈本当の意味であなたを理解してくれる誰かを、その誰かを追い求めていた期間だった〉と伝えると、彼は、それは相手に期待しているだけの依存的な時間であり、自己決定のまったくない時間だったと笑い飛ばした。さらに私が、〈あなたはその十数年間を笑い飛ばして、くだらなく恥ずかしい時間だったと思いたいと思うけれど、そこには、切実なまでに他者と関係を持つことを求めていたあなたがいたのだと思う〉と伝えると、彼は沈黙した。

## ディスカッション

**スーパーヴァイザー** みなさん、いかがでしょうか。改めて読んでみて、発表者はどのように感じますか。

**発表者** えーと、いま、お腹が痛いです（笑）（一同、笑う）"ズレ"という言葉があったと思いますが、コミュニケーションのズレがここ最近あらわれてきていて。いまここでも、メンバーのみなさんに伝わっただろうかと思っています。今回のセッションでもズレが生じていると感じました。ただ、それは以前と比べると少し彼の接触面が出てきているからこそ、ズレが意識されているのだろうなとポジティブに捉えています。（沈黙。しばらく沈黙が続く）みなさんが何も言わないというは、私がうまく伝えられてないのかな。

**スーパーヴァイザー** 確かに今日は、発言がなかなか出ないですね。

**発表者** さらにお腹が痛くなりますね。（一同、笑う）

**スーパーヴァイザー** 最後の発表者の解釈〈あなたはその十数年間を〉という解釈は、どのような気持ちで伝えたのでしょうか。

**発表者** どのような気持ちで。そうですね、私がここで言いたかったのは、あなたは他者を求めている気持ちがありますねということでした。青年期からの数十年は理想的な母性を求めていたけれど、いまは資格をとることで父性と戦おうとしている。母親をあきらめて父親と戦おうとしているニュアンスのものだと思います。

**スーパーヴァイザー** 他者を求めていたという切実な思いがあったと言っていますね。彼が専門職についたのは結婚するためであり、でも結局は自分のやりたいことに進むことに決めた。そこには強い決断があると思います。その理想的な恋人を求めて、出会うことについて、いまの彼はどのように思っているのでしょう。

**発表者** いまはもう完璧にあきらめていて、私のところに来た段階でそれは全部、過去のバカな自分がやっていたことだと語っています。

**スーパーヴァイザー** でも発表者には「受け容れてほしい、理解してほしい」と求めているのですよね。

**発表者** そうですね、はい。

**スーパーヴァイザー** この解釈は過去形になっていますが、"いま"はどうなのでしょう。

**発表者**　まだ理想的な対象を求めているのだと思います。でもそれをあきらめざるを得ない、あきらめざるを得ないというか、叶わなかった。自分を受け入れてくれる女性はいないと鼻で笑っているけれど、本当はものすごく求めているということは何度か伝えています。けれど彼としては、じゃあ誰か紹介してくれるのですかとなりそうな感じです。もちろん実際は言わないですけど。現実的にそういう女性がいないのだということになってしまうのだと思います。

**メンバー**　その愛し受け入れてくれる女性には出会えないのだというあきらめをつけたきっかけがあったのですか。というのも、なぜいま、面接を受けに来たのだろうと気になっています。あきらめたきっかけと、面接に来たことが連動していると思うのですが。

**発表者**　そうですね、何か大きな出来事、わかりやすいエピソードは少なくとも語られていないですね。ただもちろん、面接に来たことと、あきらめは関係していると思います。つまり、結婚をして子どもを作るような生き方は、どうやらあきらめざるを得ないと感じ始めて、それで自分の生き方を見つめ直したい、生きていくことに真剣に向き合いたいと思い始めた流れのなかで、面接に来たのだと思います。

**メンバー**　彼は過去に恋人ができたことはあるのですか。

**発表者**　それぞれ短くて、付き合ったと言えるのかどうかわかりませんが、何回かはあるようです。

**メンバー**　その彼女に理解してもらった感じはあったのでしょうか。

**発表者**　そうですね。紹介などで知り合って、恋人関係にはなったけれど、すぐに別れてという話でした。あまり詳しくは語っていないですね。ただ自分が求め過ぎてしまって辛かったと話していました。

**メンバー**　彼は、情緒的につながれるような親友はいないのではないかと想像しますが、どうでしょう。

**発表者**　そうですね、二、三人の友人は話題に出てきます。大人になって職場で知り合った人ですね。今回の資格取得について相談することもあるようで、彼がほしい言葉を言ってくれる人たちのようです。ただ、本当に彼らに信頼を寄せているかというと、それは疑問です。少なくとも彼は、彼らについていつ裏切るかわからない人たちだと度々、口にしています。

**スーパーヴァイザー**　私はこの最後の発表者の発言が、彼のこれまで話

してきたことの気持ちに触れるような発言だったと思いますね。た
だ、『他者を求めて』と言っていますが、彼は他者を求めているので
はないですよね。女性を求めている、つまり自分の全部を受け入れ
てくれる女性を求めているのですよね。それをあえて他者と言った
ところに発表者が言いにくい何かがあったのだろうと感じました。
ではなぜこのような自分を全部受けとめてくれる女性を求めている
かというと、受けとめてもらっていなかったからですよね。そして
その全部受けとめて欲しいと思うなかに、難病の部分も含まれてい
るはずですね。これまでの周りの人間は本当には全部を受けとめて
くれてはいなかったという、彼のものすごい失望と怒りがあると感
じます。そしてもし彼が本当にその理想的な恋人をあきらめるのな
らば、ものすごい抑うつに陥るだろうし、簡単に父親と競争する気
にならないと思いますね。父親と競争するためには、父親と競争し
て得るものがないと競争できない。母親を獲るというエディプスか
ら言えばそうですね。だから今回の資格取得は、やはり彼がもう一
度、自分が、少なくとも彼の気持ちのうえでは、理想的な恋人に値
する理想的な自分になるという、そこにもう一回、挑もうとしてい
ることのあらわれのように思います。だけどその気持ちが揺れてい
るというのが、資格取得のための勉強に向き合えないという部分に
あるのではないかと思いますね。発表者と彼のあいだのズレがある
というのは、つまりその理想的でないやりとりが二人のあいだでで
きているということだと思います。

**発表者**　なるほど、確かに。

**スーパーヴァイザー**　ズレには大きな意味があると思います。彼は理想
的か理想的でないかというかたちで処理したいのだけれど、そうで
はないズレのある対象とのやりとりを維持できているという。大き
な意味があると思いますね。だからこのズレをなくそうとしないこ
とが大事ですね。ズレがありながらやっていけるということは、つ
まりその間違ったり、ズレたり、不自由だったりすることは、ある
意味、彼にとって日常のことだというその体験につながると思いま
すね。

**発表者**　聞いていて、数回前のセッションを思い出しました。私は、
彼のことを妄想的だと思っているのですが、今日、あまりそれを伝
えられていないように感じています。彼は他人の些細な行動や言動

からその人が自分や周りに対して、強い自己主張や攻撃や非難のようなものを向けていると感じ取る人だと感じています。そのようなエピソードをその数回前のセッションでも話していて。その後、彼は、自分は少し考え過ぎなのかもしれない、警戒し過ぎているのかもしれないと思ったとつぶやきました。これは私にとってよくわからないことで。というのも、そのようなことはもう大前提の話だと思っていたのです。彼は他にも多くの被害的な妄想を語っているのですが、彼の頭のよさからして、当然、考え過ぎだとわかったうえで話していると思っていたのですが、どうやら彼のなかでは、かなり真実に近い話として語っていたようなのです。なので、彼の「考え過ぎかもしれない」という発言に心底、私は驚いて、何もろくなことを言えずにその回を終えました。すると今度は、その数回後のセッションで、その回のことを彼は話題に持ち出して、「あのとき、先生は自分の考え過ぎかもしれないという話を"くだらない話"として一蹴したように感じた」と言いました。これにもまた私は驚かされて。前回、確かにかなり驚いたけれど、くだらないとは思っていないと思って。こうしたズレのうえにまたズレが起きてといったことが最近になって続いています。確かに、以前よりも彼と関わっている、接触しているという感じはありますね。それをいま、思い出しました。

**メンバー** このズレに関連して、『俺、そんなに頑張ってますか』という彼の発言を聞いたときに、「頑張ってると思っているよ」と発表者から言ってもらいたい気持ちが彼の中にあるのではないかと思いました。転移的に考えると、発表者の反応にとても敏感になっているから出た言葉でもあるし、賛同してもらいたいということでもあるかと思います。そこでさらに、ここにずっと来ているのは発表者を求めているということでもあるのだろうということになっていくかもしれない。一方で発表者は、いや頑張っていると思うって言っても満足しないでしょうと思ったり。やはり接触面ができてきたからこそ、互いに、触れていいの？ どうなの？ といった気持ちが出てくるのではないかと思いました。発表者が思っているほど、発表者の言葉が彼にとって意味がないものではないと思います。例えば〈私から、頑張っていると思いますと言ってほしいのですね〉と解釈するのは、それこそズレがありながらも彼の思いはキャッチしている

ということが伝えられるのではないかと感じます。これまで、彼が体験してきた関係性とは違う関係が、彼と発表者のあいだにできつつあるということになるのではないかと思います。

**発表者** 彼のエネルギーというか、"世界のすべてのものは自分を拒絶するはずだ"という、ものすごく強い負のエネルギーを感じていて。面接の初期は支持的というよりも、何と言うのでしょう、あなたは十分頑張っているわ、といったような。なぜいま、女性言葉になったのかよくわかりませんが（一同、笑う）。彼がやろうとしていることは間違ってないし、変なことではないし、応援しています、あなたは十分やっていますよと現実的に言ってあげた方がいいのではないかと強く思っていたのです。そう言いなさいといま、コメントされたわけではないと思いますが。ただ、そう考えたときに彼は、世界は自分をまったく理解してくれないというなかにいて。私にどう思われているのかということ、つまり、いまここでの関係を解釈することの脆弱さというか、儚さというか。彼とともにいると、意味のないちっぽけ過ぎる感じを抱いてしまうのです。ただ、いま、話しながら思ったのですが、それは逆に言うと、ちっぽけではないものを私が彼に与えなければと感じているとういことなのかな。

**メンバー** いま、聞いていて思ったのは、彼は強権的な両親のもとで育っていて、その二人が交わった結果、難病をもつ自分が生まれているわけで。そこには二者が結びついて悪いものが誕生するという、自分と何かが結びついて、つまり、この面接でもそうだと思のですが、自分と発表者が結びついて生まれるものというのは、やっぱり病んでいるものというか、悪いものというか、恐ろしいものであるのではないかという空想が、もしかしたら彼のなかにあるかもしれないと感じました。それは接触することの怖さでもあるかもしれないし、そのような恐怖が、発表者にそのまま投影されれば、発表者がなにか解釈して生まれるものも、ちっぽけなのではないかという感覚につながるのかなと思いました。

**発表者** 確かに、こう自分が解釈することが、ちっぽけなような、すごくそう思っていますね、改めて、本当にそう思っていますね。

**メンバー** 理想的な女性像を投影されているということでしょうか。

**メンバー** 理想的ではないかたちで彼と発表者とが触れ合ってしまうと、女性を紹介してくださいと言われるのではないかと、さきほど

言っていましたね。

**発表者** 実際に彼は言わないとは思うのですが、具体的な世界に一気に放り込まれるような気がしているのは事実ですね。

**メンバー** そうですよね。つまり、ものすごく甘えたい彼の気持ちを受けとめなくてはならなくなるのではないかとか、彼の側にもとても甘えたい気持ちがとめどなく出てしまって発表者を困らせてしまうのではいかという恐れがあって、クールダウンしたやり方でしか、二人が向き合えなくなって、身動きとれなくなっているという感じもあるように思いました。

**発表者** なるほど。

**メンバー** それを打開するためにすごくいい解釈を考え出さなくてはいけないと感じているように思います。

**発表者** うーん、ただそのクールダウンというのが、どうなのでしょう。

**メンバー** たたみかけるような感じで、お腹が痛いなか、申し訳ないのだけれど（笑）。具象的になってしまうから、こころのことや二人のことに焦点当てて考えるのが難しいのだろうと。彼と関わっていると、治療者として機能することがものすごく難しくなる、そういう人なのだろうと思って。このコミュニケーションのズレも気になっていて。さっきメンバーが言ったように、発表者に認めて欲しいという期待があるのかなと思いました。普段の発表者なら、ここで情緒の方を考えそうな感じがしますけど、でも彼との面接ではそうではない方向に行っているというのが、彼の持ち込んでいる関係性が影響しているのだろうと思います。「女性」を「他者」と変えて解釈しているという話もそうですが、抽象化した解釈に行ってしまいがちというか、彼のパーソナルでインパクトのある方向に行きにくいのかなと。あと最初に、彼の臨床像を聞いたときに、身長と髪の毛がボサボサとしか出てこなかったのが意外で。いつもの発表者は生き生きした表現や独特の表現で臨床像を語ることが多いのに、彼の場合はそうではなくて。発表者のパーソナルな体験や印象がまったく伝わってこなかったことが気になっていて、それは面接にも出ているのだろうと思います。

**発表者** 私は始めに臨床像を考えたとき、二つの言葉を飲み込みました。その二つの言葉は人から言われたら不愉快になるような表現で、

要は外見的に魅力がないというような意味合いの言葉ですね。やっぱりそのとき、彼に対してそういう表現を使うのは不適切なような気がしました。それで当たり障りのない、身長が高いことと、髪の毛がボサボサなことは事実だと。

**メンバー** これだけ女性を求める人なので、彼が性的な魅力があるかどうか、気になりますよね。モテる感じではないということ。

**発表者** 全然そのような感じではないです。いまズレが起きていますねと面接で語れるようにはなったのですが、以前は前のセッションの言い訳とか前のセッションで私が言ったことに対して、一週間後の面接で話すようになって。始めは何を話しているかよくわからないのですが、よく聞いていると、どうやら前回とか何回か前のセッションの言い訳を語っているらしいと。私と意見が食い違ったことに対して弁明を続けていたり、実は前回の私の解釈に対するやんわりとした反論をずっと語っていたりしていました。次第に、以前のセッションで、あなたは納得出来なかったのですね、不満があったのですね、伝わっていないと感じたのでいまここであなたは必死により詳しい説明を加えようとされているのですねと少し解釈できるようになってきて、やっとズレの話、つまり、「いま、ズレていますね」ということを言えるようになったという流れでした。そのズレを取り上げなくてはとか、正そうというよりは、ズレが起きているという感覚が生じたときに、すくいあげなくてはという思いが強くあるのかなと感じていました。

**スーパーヴァイザー** 彼は小さいときから病気を持っていて、ずっと不幸せな感覚を抱いていたと思います。そうだとしたらおそらく、子どもの頃からポジティブな空想を抱くということができなかったのではないかと思うのです。それは、病気だから不自由なこともありますが、気持ちとしてできないということが強いのだと思います。ポジティブに動こうとすると症状が出たりしたわけですからね。そういう意味でその、本当はできるのだけど気持ちがそれをさせない、ブレーキがかかったあり方があって、それと同じことが言語的な人間関係においても起きているのではないかと思います。なので彼は、本当は近づきたいのだけど、近づいた経験がないし、近づけない。そういう関係がいま、起きているのではないかという気がします。発表者もそういう彼に気を遣うから近づけなくなっているという。

でもそれこそズレが起こりながらも近づく機会を見つけ出すことが大事なのではないか思います。それがこのセッションでは最後の治療者の介入だったのではないかと思いますね。

**発表者** 確かに彼と近づけば近づくほど、重い難病を抱えた人という感じが強まりますし、そこも含めて彼の痛みにどれくらい接触できるのかということを考えさせられました。ただとにかくもう、お腹が痛いっていうことが。発表でこのような身体症状は初めてです、これも考えてみます。

一同 （笑）

**スーパーヴァイザー** では時間になりました。今日はここまでにしましょう。

## 発表者の感想

　腹痛のために本当に辛い発表体験だった。しかし、発表時にこのような腹痛に見舞われることはこれまで経験がなく、また彼自身も似たような身体症状をずっと抱えていたために、この痛みにもきっと何か意味があるのだろうと感じつつ、発表を行っていた。
　私は彼との体験をこういったグループの場で話すことが初めてのことであり、非常に大事なものを聞いてもらうようなそういう感覚を抱いていた。なぜこれまで彼とのやりとりを検討してもらう機会がなかったかというと、私は彼とのこの数年間の面接過程について他の人にはなかなか理解してもらえないのではないかという感覚を抱いていたのである。この感覚は彼が特殊な疾病を抱えているためだとこの発表が終わるまで私は考えていた。しかし、今は、私は彼との間にある種、同性愛的な関係性を形成し、二者関係の中で引きこもっていたのではないかと考えている。それくらい私は彼を大事に思っていたようであるし、そう思っていたからこそ、関係を壊すような接触を避け、表面的なやりとりに終始し、その一方で素晴らしく価値のある解釈をしなければという思いに駆られていた。
　発表中、私は、このグループにしては珍しく沈黙になる時間が長いことに不安を抱いていた。うまく報告できていないのでは、というよくある不安である。しかしそれでいて沈黙が多いことに「やはりな」という感覚も抱いていた。このケースはコメントしづらい感じがあるのだろうという想像があった。そして発言が出始めると、今度はなかなか理解してもらえていないのではないか、という傷つきを感じることが多かったように思う。特にそれは「俺、そんなに頑張っていますか？」という彼の問いかけに対する私の反応へのメンバーからのコメントを聞いたときに強く感じた。私は多くのメンバーから、「もっと彼に対して優しく接してあげてもいいのではないか」という指摘を

強く受けているように感じており（メンバーがそういう意図で言っていたかわからないが）、そのことに対して傷つきと共に、優しくすることが果たして意味があるのだろうか、という反発心を抱いていた。

一方で私は、「自分の解釈は取るに足らないものだ、だからこそ何かインパクトのある"良い解釈"をしなければ」という思いを無意識的に抱えていたことに気づかされたことは、非常に有意義なことだとすぐに感じられた。確かに私は面接中、彼の自己愛的な殻を破るためにはどんな良い解釈をするべきなのか、ということばかり考えていたように思う。このような考えは、いかに私が彼の「健康な人にはわからない」という他者拒絶的な転移関係の中に巻き込まれていたかを物語っているといえる。

彼は自己愛的な殻の中で他者を心的に排除しつつも、治療者だけは理解してくれているのではないか、というほんのわずかな期待・小さな思いを私に向けていたのではないかと思われる。そこに全く私が気づいていなかったということが、グループ力動の中で作用し「もっと優しく接してあげてもいいのでは」という反応を引き起こしていたと今になって考えられる。そう考えると、確かに彼は周りの人ほど無理解だとは思わないと治療者のことを評することがあったし、私が「私にも理解されないと苦しんでいるのですね」という解釈をすると、肯定しつつも他の人に対して抱くほどの苦しみではない、と必ず付け加えていたことが思い出された。しかし、当時はこれを、表面的に治療者を持ち上げるためだけの言葉のように理解していた。おそらくそのような面もあるとは思うが、彼にとってはこれだけ自分の話を伝えた対象は私を置いて他におらず、ほとんどすべての人が自分を理解しないと感じているが、せめて治療者だけはそうじゃなくあってほしいという思いもわずかには抱いていると考えることは十分できるだろう。

私は今考えてみてもこのような彼の小さな光に目を向けていなかったと思う。結局のところすべては迫害者、という彼の持ち込む強力な転移関係の中に治療者自身が積極的に自分の理解を結びつけてしまっていたのだ。

誰にも理解してもらえないという転移関係の中でしか私は考

えることができなくなっており、私は彼に排除されているという文脈でしか「今、ここ」を体験できず、怒りと無力感の中にいた。そしてその結果、私にはこの関係を壊すための理想的な解釈が必要であったのだと思われる。一方で、無意識的にはおそらく彼の私を求める小さな思いをもとに同性愛的に私たちはつながっており、第三者を必要としない考えられない関係を構築してしまっていたのだろう。

　今回グループに提出し、第三者の目を通して見ることができ、非常によかったと思う。ここに至れたのは、スーパーヴァイザーが話していたように、ズレを抱える「理想的ではない」関係を、二人が多少なりとも過ごすことができたためだと思われる。そこには「通じ合っていない」感覚が発生し、「彼から排除されている」という感覚とは異なるズレによる違和感や窮屈さが生じ始めていた。それは考えるべき思考であり、そのことが発表へと治療者の背中を押してくれたのだろう。そして何よりも、今回のグループにおいて、「私の見えていなかったもの（彼の中の小さな希望や光）をグループは映し出す」ということを、身をもって体験することができた。私の理解の一面性がグループに強く排出されることによって、それに呼応するように私が見えなくなってしまっている点に光が当たり、グループの場で浮かび上がってきた。それは、グループ当日は、私の反発心や理解されていないという苛立ちを引き起こしたが、それを考え続けることが彼に対する新たな理解の進展へとつながったと思われる。

## スーパーヴァイザーのコメント

　発表の最初から最後まで、腹痛が続くという発表者にとって非常に苦痛な体験だったようである。確かに発表者が感想の最初で述べているように、患者自身も似たような身体症状を抱えており（ディスカッションではこの部分について語られなかったが）、すでに発表の段階で、いわゆる同一化が起きていたのかもしれない。さらに俯瞰すると、グループ当日、腹痛に見舞われていないだろう私たちと、発表者とのあいだに、ある種の身体的な"違い"、"ズレ"が生じていた可能性が浮かび上がる。治療における患者と発表者との特定の難病の有無という"違い"や"ズレ"そのものが、このグループのなかにもあらわれたのかと思ってしまうのは、やや行き過ぎであろうか。

　今回のような難病あるいは身体疾患、さらには末期癌などの死と直結する疾患を抱えた患者との心理療法については、ここで語ることの範囲を超えてしまうが、共通しているのは、私たちが関わるのはその疾患そのものではなく、その疾患をもつその人という一人の人間であるということであろう。

　そうした意味で発表者は、難病それ自体が患者に与える影響などを考えつつ、そしてそれに困難を感じつつも、難病をもつ一人の人間としての彼のこころに、常に眼差しを向け続けているように感じられる。彼の両親が難病をむしろ否認し、彼に「病者でない生活」を送るよう強いてきた背景を考えると、彼にとって発表者とのこの出会いは、大きなものであったに違いない。

　一方、発表者は、彼とのこの治療について、他の人には理解してもらえないのではないかと想像していたようである。その理由として発表者は、彼が抱える特定の難病のためだと考えていたが、そうではなく発表者と彼とのあいだにある種、同性愛的な関係性を形成し、二者関係のなかで引きこもっていたことに理由があるのではないかと述べている。もしそうだとしたら、なぜそのような関係性がふたりのあいだに生まれたのだろうか。

そもそも私たちすべての人間は、程度の差はあれ何らかの心理的困難や、それこそ身体的な不具合を有していることは改めて述べるまでもない事実であろう。そう考えると今回のふたりの関係は、発表者のなかのある種の"疾患"が、彼のもつ疾患と強固に結びついた結果なのかもしれない。あるいは疾患をもつことで獲得せざるを得なかった彼のナルシシズムと、発表者のなかのある種のナルシシズム（もちろんこれも、私たちすべてがもつものである）が結びついた結果なのかもしれない。さらには、彼自身が十分に体験できなかった幼少期、もっとさかのぼると乳児期に、母親とのあいだで母子一体となるような濃密な関係をもつことができなかったため、それをわずかながらも発表者に求め、それを発表者が無意識に受け取っての結果なのかもしれない。

　おそらく彼との治療において重要なのは、ある一定期間、彼と発表者の二者の関係で引きこもっていた時期があったからこそ、その後に生じたズレを"ズレ"として体験できたということであろう。ディスカッションでも話題になったが、このズレは当然、彼が外部の世界とのあいだで体験しているものでもあり、そのズレを抱える「理想的ではない」関係を、患者と発表者が多少なりとも過ごすことができていること自体、確かに意味はあるのだと思う。

　さらに発表者は、発表者だけは理解してくれるのではないかという彼のわずかな期待や小さな思いに目を向けられなかったと述べている。その理由として、外部はすべて迫害者といった彼のもつ対象関係が、いま-ここでの治療関係にもあらわれているはずだという転移の文脈でしか捉えられなかったことを挙げている。患者が治療に通ってきていることそれ自体が、何らかの希望や期待を抱いているが故であることは頭ではわかっていながらも、実感としてそれを感じられなくなることは往々にしてあることだろう。ではなぜ、そのようなことが起きるのだろうか。なぜ、期待や希望をそれとして感じ、受け取ることが難しくなってしまうのだろうか。

　今回の彼の場合、他者に期待や希望をもつこと自体、非常に危険なことだったのかもしれない。期待をしても裏切られ、希

望をもっても打ち砕かれた過去の深い傷つきから、期待をもつこと自体に強い恐れを抱いている可能性である。それを発表者がどこかで感じ取り、彼と結託して、ともにそれをないものとしたのかもしれない。期待をもって裏切られるよりは、そもそも期待をしない方が傷つかなくて済むことは、私たちも十分に知っていることである。しかし今回、事態をより複雑にしているのは、背景にはこのようなことが蠢きながらも、発表者の言う"二者関係のなかで引きこもっていた"状態も同時に起きていたということである。つまり、彼がわずかながらも発表者に向けていた期待をどこかで感じ受け取りながらも、それをもつことの危険も同時に感じ取り、身動きの取れない事態になっていたと言えるかもしれない。

　このコメントを書くのに、思っていた以上に長い時間がかかってしまった。ディスカッション当日、激しい腹痛に見舞われたということを改めて思うと、発表者のこころの奥にいまだ蠢きつつあるさまざまな思い、そしておそらくここでは十分に語り得ないさまざまな思いを想像し、すぐに何かを言葉にしてしまうことに躊躇いが生まれためである。もちろん発表者にとって、当日のディスカッションや今回の原稿を書くという体験により得られたものも多くあるはずであろう。しかし、必然的に取りこぼすことになったさまざまな思いも、同じくらい多くあるはずだと想像する。

　その取りこぼすことになったものをひとつひとつ丁寧に拾い上げ、もう一度、見つめ直し、そして発表者のこころのなかでそれらをあたため続けていけるよう、遠くから見守りたいと思う。

**Q** 最初はあまり自覚していなかったのですが、患者と接していて、患者に共感できず理解できない感覚が生じているように感じます。この場合、どのようなことを考えればよいでしょうか。

**A** まずは私たちが、自分以外の他者が感じ考えることをそっくりそのまま理解することは不可能である、ということを前提に話を進めたいと思います。

　私たちが患者と会っていて、共感できず理解できない感覚が生じることはそれほど珍しいことではなく、むしろよくあることではないかと思います。

　例えば、非常に敏感で被害的になっている患者が語るエピソードに対して「なぜそこまで被害的に捉えるのだろう」と思ったり、またナルシシスティックな患者に対しては「なぜそこまで自分が優れていると思うのだろう」と思ったりと、少し振り返ってみただけでも、すぐにいろいろな場合が想像できます。

　まずは、患者とともにいて私たちのなかに生じるさまざまな感覚や気持ち、今回の場合であれば、"共感できず理解できない感覚"を認識することから始まるでしょう。私たちはつい「患者に共感しなくてはいけない」「理解しなくてはいけない」と思いがちですが、それはつまり、何でも理解できる万能的なものを自分自身に求めていることであり、あるいは、患者の抱く万能的な期待を知らず知らずのうちに請け負ってしまっているということであり、むしろ危険なことだと思います。

　さて、"共感できず理解できない感覚"を認識した後ようやく、なぜそのような事態が生じているのかを考えます。それにはいくつかの場合が考えられるでしょう。

　まずはシンプルに、患者がそのように捉え感じる背景にどのような気持

ちが動いているのかを治療者が丹念に聞いていないということが挙げられるでしょう。もちろん患者によっては、気持ちを聞いてもなかなか答えられなかったり、答えたくない気持ちを抱いていたりすることもありますが、細やかに気持ちを聞いていくことで、多くの患者はそれらをある程度は言葉にしてくれるのではないかと思います。それらを聞いて私たちは、あぁ、そういうことだったのかと納得できるのです。

　あるいはそれでも、共感できず理解できないと感じることもあるでしょう。そうした場合、おそらく患者と、患者の周りの人たち、例えば家族や職場の人たちとのあいだでも同じようなことが起きている可能性が考えられます。誤解を恐れずに申し上げると、どうしても周りの人たちから嫌われてしまう患者と会っていると、私たちのこころのなかにもやはり、その患者を嫌いになる気持ちが生じやすいのです。それが患者のもつ対人関係のパターンと言えるでしょう。むしろそこから、つまり、私たちがその患者を嫌いになることができてはじめて、治療が始まると言ってよいかもしれません。一方、患者の周りの人はそうでもないのに、自分だけが共感できないと感じる場合もあると思います。その場合、自分自身のなかの何かがそれに影響しているかもしれません。そう感じた際には、スーパーヴィジョンを受けたり、自身がセラピーを受けたりしながら考え続けていく必要はあるでしょう。

　さらに別の場合を考えてみましょう。どうやら患者の周りの人はそうでもなさそうだし、スーパーヴィジョンを受けたりセラピーを受けたりして考えてみても自分の問題はそれほど影響していないのかもしれない、でもなぜか患者の連想を聞いているとよくわからなくなってしまうという場合です。

　今回のケース7もそうかもしれませんが、ひとつには、他者に自分の気持ちをわかってほしいという期待や希望をもつこと自体を危険に感じている患者がいるということです。つまり、何度も期待しては裏切られた過去の傷つきから、わかってほしいという期待をもつこと自体に強い恐れを抱いている可能性です。あるいは、"わかってほしいけど、でもわかられたくない"、もっと言うと、"簡単にわかられてたまるか"と感じている患者もやはり存在します。それが患者に意識されている場合もあれば、無意識である場合もあります。こうした患者と会っていると、私たちが患者のなかの本質的な何かをキャッチしたと思った瞬間、すぐにまたよくわからない状況に陥ってしまうのです。このようなことは、実はけっこう起きている

のではないかと想像します。通常の感覚であると、大きな困難や苦しみを抱えている自分に対して理解を求めることはごく自然なことだと想像されますが、そうした困難を抱える自分にある種のプライドのようなものを抱いていたり、親和性があったり、アイデンティティとなっていたりする場合もあるのです。そうした場合、他者に簡単にそれを理解されては困るのです。困難を感じていること自体は伝わってくるけれど、患者の語ることがよくわからなくなることが生じやすいのはこのような場合であるように思います。

　そこまでのことが理解されるまでにはある程度の時間が必要です。まずは、患者に共感できず理解できない感覚が生じることはそれほど珍しくはないということ、逆に患者の語ることは何でもよくわかるし理解できると思ったらそれは、何かまずいことが起きている可能性があるということは知っておきたいと思います。そしてその後、その状況に対するさまざまな可能性について考えていくのです。今回、ここで述べたことはあくまでもいくつかの考え方であり、他にももっといろいろな可能性があるでしょう。そうした可能性を考え続け、目の前の患者と会っていく、そうしたことの積み重ねのなかでふと、あぁ、そういうことが起きているのかと実感する瞬間が訪れるのだと思います。

＊ Case 1 〜 7 は、個人が特定されないよう、修正が施されています。

# エピローグ
## 不快な集団に入る

## 松木邦裕

　精神分析にかぎらず、心理療法を実践している臨床家のあいだでは、グループで事例・症例を検討することは、当然かつ必然である研修機会として日常生活に組み入れられているのではないだろうか。それが、臨床仲間同士のピア・グループであれ、上級者が介在し構造化されているスーパーヴィジョン・グループであれ、私たちは何処かに所属し参画していると思う。

　そうしたグループでの事例検討経験を経ずして心理療法家になっている人は、はたしているのだろうか？　私は知らない。
　フロイトもみずからの症例を自身の〈水曜会〉で提示していた。その会からアドラー、シュテーケル、ザックス、フェダーン、フェレンツィらは飛び立っていった。そこにはユング、アブラハム、ジョーンズらもゲストとして参加していた。彼らは彼ら自身の地元で同様の研修集団をつくり、みずからを高め仲間を育てた。
　この伝統は精神分析では今日も引き継がれている。上級者を交えて臨床素材を検討するグループである。最近では、故ベティ・ジョセフが主宰していた英国クライン派精神分析家が集ったグループ、〈ベティ・ジョセフ・ワークショップ〉がよく知られている。
　私自身も地元で志を同じくする同僚に呼びかけ、昨年から臨床家グループを新たに組織している。その集団は、成長していくプロセスを始めたところである。

私の精神分析臨床の学びは、力動精神医学を標榜する精神医学教室医局で毎週金曜日の五時から開かれる〈症例検討会〉に始まった。カンファレンスルームに十数名が毎週集まり、症例素材を熱心に討議した。
　その一部は討議を含めて『医学部紀要』に掲載されていた。数年前、機会があって『紀要』のある号に掲載されたその一つを読んだ。掲載時期は、私が精神科医局に入局して一、二年目の頃のものと思えた。そこには私の発言も二、三箇所載っていた。
　私自身が驚いたのは、私のそれらの発言がすべて、その検討会に参加していた複数の上級者――すでに我が国の精神分析の世界では選りすぐられた上級者としての立場を獲得していた上級者たち――の考えを引き出そうとする、問いの発言だったことである。
　当時の私はそうした上級者たちがその症例をどのように理解しているのか、それはどのような視点からどのような考え方でなされているのかを知りたくてたまらなかったのである。できるだけ多くそれをつかんで、自分のものにしたかったのである。なぜなら、その頃の私には精神分析の基礎が決定的に不足していたし、それを認識していた。
　〈症例検討会〉はそれらを充足する絶好の機会だった。そして同時に、上級者たちのみならず、他の先輩や同僚たちの発言から、自分にできたケース理解や介入技法と比較することで、自分の理解や技術での不足を知る、すなわち自分の力量を計る機会でもあった。そして、自身の考え方や感受性の他者とは異なるところに気づける機会だった。

　　　　　　＊＊＊＊＊＊　　　＊＊＊＊＊＊　　　＊＊＊＊＊＊

　こうした事例・症例検討会にみずからが提示する経験は、私の場合は次のように始まった。

　初めての提示には強い不安と緊張が混ざった意気込みが優先した。提示用レポートを強迫的に準備したため、多くを盛り込

みすぎて資料過多になってしまった。臨床素材の取捨選択がうまくできないことが背景にあった。素材のすべてが重要に思えるし、逆に、金太郎飴的反復に過ぎないようにも見えた。

そうした自分なりに丹念に準備したものを実際に検討会で発表してみると、私がその症例で重要な主題や葛藤、不安の中心と思うところは、まったく議論の対象にはならなかった。つまり、怖いほどそれらには討論の焦点は当てられず、私自身がまったく想定していなかったところに討論が集まった。質問に答える私は、想定していないところであるため、そのときを改めて想起することになったし、それには強い戸惑いがあった。そうこうするうちに検討会は終了した。

終了後、私は大いに落胆した――「なんでこうなるのだろう。なんで……」と。また、腹も立った。ともかく、席から離れがたい、まったく不消化な極めて不快な体験だった。自己評価は著しく下がった。そして激しく消耗していた。

しかし、それでは終われない。その後も発表を重ねるうちに、その症例で中心となる葛藤や不安、重要な関係性などについての私の見立てと、討論の焦点が、次第に近づいてきた。そうして私は、初心の頃の私の中心主題の見立てや焦点化がまったく外れていたことを改めて認識したのだった。

原典は忘却しているが、次のことは、臨床家グループのなかに私がいるときにこころに留めていたことである。それはいかなる技能にもあてはまるものだろうが、ここに引用する内容は噺家についてのこととして書かれていたように記憶する。

私たちが噺家だとして、同職である、高座に上がっているある噺家の話を横で聴いているときに、この噺家は自分より上手いと思うなら、その噺家は自分より格段に上手いのである。あるいは、この噺家と自分は同じ程度だと思うなら、自分よりその噺家の方が上手いのである。この噺家よりは自分が上手いと思うなら、力量は同じ程度である。この逸話がナルシシズムの問題に触れていることはおわかりであろう。

かつてハンナ・スィーガルのスーパーヴィジョン・セミナーに参加していたとき、リカルド・スタイナーが精神病ケースを

出していた。そのケースは画家であったが、「お前は絵を描かないなら、世界一の画家だ」という幻声に聴き入っていた。人は集団に入るとき、みずからのナルシシズムとその痛みに触れる機会を得る。それが、私たちがみずからのなかに"負の能力 negative capability"を育んでいく基礎になるのだろう。

　私たちが多くの時間を過ごす現実の臨床場面で私たちは孤立している。もちろん、患者／クライエントはそこに共に存在し、私たちの協力者にもなりうる。だが、その空間における責務は、私たちにある。私たちは二人が収められている分析的設定を堅持し、その空間に生まれていく何かを自力で感知し、感じ考え、伝えるに最適なことばを探し選ぶ。それらすべてを、私たちは一人でその度に判断し決断しなければならない。その孤立を生き抜かねばならない。そのために、私たちは、私たちの実践する精神分析に信を置く。私たちは、私たちの内にある精神分析的対象と分かち合う。

　そうした精神分析的対象は訓練分析家、スーパーヴァイザー、そしてともに症例／事例を検討した仲間／同僚から構成される。そこには蓄積されてきた多くの時間と空間、そして仲間たちとの多くの体験がある。そこには、逆説も存在する。すなわち、精神分析への信、精神分析的対象との分かち合いは、私たちのなかに築かれる。それは私たち個々人が面接室の孤立を生き抜くことで育まれる。

　　　　　　＊＊＊＊＊＊　　　＊＊＊＊＊＊　　　＊＊＊＊＊＊

　私は集団が嫌いだ。それは、集団はナルシシズムを揺さぶるからである。私は一人が嫌いだ。それは、孤独はナルシシズムのなかに私を沈ませるからである。
　グループ体験においてそこにいない他者や、そこに共にいる他者の記憶と欲望と理解にさらされ、私たちは集団として、妄想－分裂心性と抑うつ心性を揺れ動く。また個人として、妄想－分裂心性と抑うつ心性を揺れ動く。"信"の形成には、その

「嵐」を生きる体験も、私たちには必要なのである。

　また、その集団のなかで私たちは、知ること、すなわち「K (knowing)」に留まっておれるだろうか。「L (loving)」や「H (hate)」の色に染まっているときもあろう。それが「切磋」の一部である。そして、それは必要な時もあるのかもしれない。そして、私たちはいずれKから離れ、Oを求めることになるだろう。そのとき私たちは「琢磨」しきり、真に自分を生き始めている。

　その集団の中の私たちはコンテイナーでいるのだろうか、それともコンテインドなのだろうか。

　いずれにしても、その集団に生じているコンテイナー／コンテインドでは「共存」が作られ何かが創造されているのだろうか。その関係では「共生」による停滞が発生しているのか、「寄生」になっていないだろうか。

　村上春樹という人は生きていくための機微をさらりと書いていることがある。次の一文が記憶に残った。

　「ある種のプロセスは何をもってしても変更を受け付けない、僕はそう思う。そしてそのプロセスとどうしても共存しなくてはならないとしたら、僕らにできるのは、執拗な反復によって自分を変更させ（あるいは歪ませ）、そのプロセスを自らの人格の一部として取り込んでいくことだけだ」（村上春樹『走ることについて語るときに僕の語ること』文春文庫，2010年）

　おそらく私たちの中には、集団経験を拒絶する心性が在る。なぜなら、集団は極めて不快なものだからである。それゆえ、私たちには臨床家集団体験が必要なのである。

## ❖ あとがき ❖

　日々の臨床に加え、自身の臨床をより高めようとするとき、私たちの休日はほとんどなくなります。心理療法に関するセミナーや研修会は休日に開催されることが多く、私たちは、家族やパートナーからの冷たい視線を背に受けながら（なかにはホッとされる方もいるかもしれませんが）、今後の自身のためだと固く決心し、その会場に向かっています。
　本書の土台となっているケース検討会グループもそうでしょう。月に一回とは言え、日曜日の朝10時から2時間という、何もなければベッドの中でまどろみながら過ごせる心地よい時間に、あるいは、ゆったりとブランチを食べていてもよい時間に、メンバーの多くは、何とか自身を鼓舞しながら検討会グループへと向かっていると想像します。家族から冷たい視線を投げられるだけならまだしも、半ば呆れられている人もいるかもしれません。
　さまざまな臨床の場で、悩み、迷い、苦しみを抱いている臨床家の方々に少しでも役立つ何かを提供したいという強い想いと同時に、そうしたメンバーの方々の貴重な時間をより有機的なものにしたいという強い想いも、この本の企画を後押ししたように思います。

　当初は12名のメンバー全員の名前を、本書に載せることを考えていましたが、本書の特質上、それは断念せざるを得ませんでした。執筆されたメンバーの方々にとって、今回の体験が少しでも今後の糧になることを願いたいと思います。なお、執筆されなかったメンバーの方々にも、ディスカッションにおけるメンバーの発言というかたちで、多く登場していただいています。メンバーの方々の存在抜きには、豊かなディスカッションは成立しえませんでした。深く感謝いたします。
　特に、メンバーの茂市耕平さんには、本グループの結成当初から、まさにグループの「長男」として、さまざまにマネジメントを手伝

っていただきました。また、本グループのスーパーヴァイザーとして何度も登場していただいている藤巻純先生と吉村聡先生には、私の至らない点をカバーし、大きく支えていただいたように思います。お二人の先生方は、精神分析協会という大きな母体のなかでの先輩でもあり、今後もさまざまなかたちで関わり、また多くを学ばせていただくと思います。この場を借りて、深く感謝申し上げます。

　ご多忙のなかこのケース検討会に来ていただいた多くの先生方、そして、インパクトのあるタイトルで「解題」をご寄稿くださった松木邦裕先生にも、深く感謝いたします。もうずいぶん前になりますが松木先生は、私のプライベートを大きく左右する示唆的な言葉を与えてくださいました。
　グループの結成当初から年に一回、ゲスト・スーパーヴァイザーとしてご参加いただき、お会いするたびに大きな刺激を与えてくださり、しかも今回、締め切りを控えたさまざまな原稿を差し置いてご執筆くださった藤山直樹先生に感謝いたします。
　日々の私の臨床を支えてくださり「精神分析」の世界に誘っていただき、私自身の生き方についても深く考えさせてくださった北山修先生には、感謝の気持ちを言葉にしようとしてもしきれません。
　最後になりましたが、この企画に賛同してくださり、最初にご相談させて頂いた2013年から五年間、辛抱強く待ってくださった、編集者の津田敏之さんに感謝します。今後のご活動の展開を心から応援しております。


　　　　　　　　　　　　2018年　夏
　　　　　　　　　　　　台風一過の澄み切った空に、微かな秋の気配を感じながら

　　　　　　　　　　　　　　　　　　　　　　大森 智恵

【監修者紹介】

**藤山 直樹**（ふじやま・なおき）

東京大学医学部卒業。精神分析個人開業，上智大学総合人間学部教授。
元・日本精神分析学会会長。日本精神分析協会正会員。
著書『精神分析という営み――生きた空間をもとめて』〔岩崎学術出版社：以下同，2003年〕、『集中講義・精神分析』〔上2008年／下2010年〕、『続・精神分析という営み――本物の時間をもとめて』〔2010年〕、『精神分析という語らい』〔2011年〕、『落語の国の精神分析』〔みすず書房，2012年〕ほか多数。

【編著者紹介】

**大森 智恵**（おおもり・ともえ）

京都大学大学院教育学研究科博士後期課程，在籍中。
南青山心理相談室，臨床心理士，日本精神分析学会認定心理療法士スーパーバイザー。
著訳書『北山理論の発見――錯覚と脱錯覚を生きる』共著〔創元社，2015年〕、『内なる外国人――A病院症例記録』解説〔みすず書房，2017年〕、『心的変化を求めて――ベティ・ジョセフ精神分析ワークショップの軌跡』共訳〔創元社，2017年〕。

【著者代表紹介】

**藤巻　純**（ふじまき・じゅん）

横浜市立大学医学部卒業。
オフィスＦ〔サイコセラピーオフィス〕主宰，精神科医。
訳書『米国クライン派の臨床――自分自身のこころ』共訳〔岩崎学術出版社，2011年〕、『心的変化を求めて――ベティ・ジョセフ精神分析ワークショップの軌跡』共訳〔創元社，2017年〕。

**吉村　聡**（よしむら・さとし）

早稲田大学大学院文学研究科博士後期課程単位取得退学，博士（文学）。
上智大学総合人間科学部准教授，臨床心理士。
著訳書『ロールシャッハテストの所見の書き方――臨床の要請にこたえるために』共編著〔岩崎学術出版社，2016年〕、『心的変化を求めて――ベティ・ジョセフ精神分析ワークショップの軌跡』共訳〔創元社，2017年〕ほか。

## 心理療法のポイント
### ケース検討会グループから学ぶ

2018年11月10日　第1版第1刷発行

| | |
|---|---|
| 監修者 | 藤山直樹 |
| 編著者 | 大森智恵 |
| 著　者 | 藤巻純、吉村聡ほか |
| 発行者 | 矢部敬一 |
| 発行所 | 株式会社　創元社 |

　　　　本　社　〒541-0047 大阪市中央区淡路町4-3-6
　　　　　　　　TEL.06-6231-9010(代)
　　　　　　　　FAX.06-6233-3111
　　　　東京支店　〒101-0051 東京都千代田区神田神保町1-2
　　　　　　　　田辺ビル
　　　　　　　　TEL.03-6811-0662(代)
　　　　　　　　http://www.sogensha.co.jp/

| | |
|---|---|
| 印刷所 | 株式会社　太洋社 |
| 装　画 | 安田みつえ |
| 装　丁 | 上野かおる(鷺草デザイン事務所) |
| DTP | 東 浩美 |

ⓒ 2018 Printed in Japan
ISBN978-4-422-11697-6 C3011

〈検印廃止〉落丁・乱丁のときはお取り替えいたします。

JCOPY 〈出版者著作権管理機構　委託出版物〉
本書の無断複写は著作権法上での例外を除き禁じられています。複写される場合は、そのつど事前に、出版者著作権管理機構(電話03-3513-6969、FAX03-3513-6979、e-mail: info@jcopy.or.jp)の許諾を得てください。